Nachgefragt:
Menschenrechte und Demokratie

Basiswissen zum Mitreden

向下扎根！
德國教育的公民思辨課—— **1**

一個人值多少錢，
誰是現代奴隸？

捍衛權利的基本知識

Christine Schulz-Reiss 克莉絲汀・舒茲—萊斯｜文
Verena Ballhaus 薇瑞娜・巴浩斯｜圖

陳中芷｜譯

目錄

1 人的尊嚴　27
Die Würde des Menschen

2 人權的漫漫長路　41
Der lange Weg zum Menschenrecht

3　只有一個等於沒有　57
Nur eins ist keins

4　讓我們來解決它！　69
Packen wir's an!

5 民主人士的工具 85
Das Werkzeug der Demokraten

6 揪出邪惡與錯誤 95
Die Finger in den Wunden

7 人的承擔　113
Die Bürde des Menschen

「借鏡」德國教育的公民思辨課

沈清楷│比利時魯汶大學哲學博士

「向下扎根！德國教育的公民思辨課」一套三本的書籍，分別是〈人權與民主篇〉、〈政治篇〉、〈哲學篇〉，它假設了，人活在民主的共同體與世界中，所不可或缺的基本知識。

什麼是「基本」知識？它指的是每一個人都要會的。很可能是我們自以為會的東西，而我們卻不懂或早已遺忘的。另一方面，「基本」知識也可能代表一種「理所當然」的知識。不過，那些我們以為理所當然的事情，卻可能是有問題的，而早已成為我們思考或推論的前提。若是如此，我們依據「所謂的」理所當然所推論出來的東西，會是錯誤或是帶有偏見的。是否因為我們缺乏反思這樣理所當然的機會，而一再積非成是？

就是人在質疑「理所當然」，並且重新回到「基本」，反思自己的前提以及背後整個價值系統，才能更理解自身，澄清思考與行動基礎的來源。即使這樣回到基本的過程中，最後了解到自己過去所認識的是盲目的，這也是一個重新認識自我的開端。

1. 對人的想像

當我們談論人性尊嚴，看似是自然而然的，或是將它視為一個不可侵犯的價值，然而人性尊嚴的確立，在西方歷史上卻經過一個漫長的道路，歷經「神權、君權、人權」

不斷抗爭的過程，才稍稍地在制度上肯定人之為人的價值，逐漸地確立國家必須為了保護人民而存在。不過，即使一個再完善的制度，如果不被監督、無法自我反省，它將會反過來，逐漸從「讓人自由」變成「讓人成為奴隸」，制度也會從保障自由轉變成箝制個人自由的枷鎖。

因此，儘管人類看來變得所謂文明了，卻依然有奴役與剝削他人的現象，相互蔑視而無法相互肯認，為了自己的利益不惜犧牲他人，甚至更多的機巧輔助了一種更大的殘忍，文明無法讓我們停止懷疑人性、擺脫人類固有的自私，人依然壟罩在「我是誰」的巨大謎團當中。但是我們也發現到一些充滿希望的靈魂，他們認為人對自己有責任，相信存在的勇氣，面對任何的不公不義，努力介入，並思索著既然我們並非那麼相信人性的良善，人會被惡所引誘，那麼應該建立起一個好制度。不過，任何的制度都可能避免不了腐化，透過制度來圖利自身，而形成更大的惡。即使一個標榜人民主權的民主國家，它會是保障人權價值的良心所在，也可能變成一塊遮羞布。一個國家是否民主，是依它能保障多少「個人」的人權做為指標。

根據《世界人權宣言》揭櫫所保障每個人享有的權利與自由「不因種族、膚色、性別、語言、宗教、政治或其他見解、國籍或社會出身、財產、出生或其他身分等，而有任何差別；並且不得基於個人所屬之國家或領土上政治、法律狀態或國際地位的不同而有所區別。」《世界人權宣言》明示著人性尊嚴必須不斷捍衛，必須避免苦難重覆不斷地發生在每個人身上。自1948年宣讀開始，根據捍

衛不同形式的人權，許多跨國性組織不斷地催生、集結，規範並制止現代國家用各種形式迫害自己的人民。透過一次次的救援行動，對那些不被聞問的弱勢個體，伸出援手，將個人良心凝聚成集體的關懷。如著名的國際特赦組織，試圖營救威權統治下的異議分子，反對國家可以不經正當程序，就隨意地逮捕、監禁、施加酷刑，甚至在毫無辯駁的情況下不明不白地被處死。在台灣過去的戒嚴年代，也曾因為國際特赦組織的援助，將威權時代那些勇敢爭取人權的人拯救出來。

〈人權與民主篇〉透過聯合國人權理事會、聯合國兒童基金會、無國界記者等堅持基本人權價值的眾多不同組織的介紹，不僅對照出那些虛弱悲觀靈魂的自怨自艾，而助長了壓迫與自私，也提醒了我們：是否對那些一波波正向我們侵襲而來的不公平浪潮渾然不覺？是否我們對人如何朝向共善的想像依舊不足？

2. 政策只能由政府主導嗎？

沒有人可以獨自生活，在共同生活中也不存在一種永久和平：人會彼此爭吵，甚至武力相向。當然，如果在共同生活中，找到一種協調的方式，不僅使得人與人之間不至於陷入永恆的衝突，還可能基於某種理想的設定，增進彼此的利益，產生一種良性的互惠，增進整體共同的善，讓「公共性最大化」。無論如何，共同生活中，我們必須要去設定一個共同努力的目標。然而，政治中所有利益的角力不見得是以公共化為主，反而有許多不同的力量，企

圖將公共利益變成私人利益，因此，政治制度的設計和反省有其必要性。我們政治制度的反省有兩種，一種是效益性的反省，另外一種是從價值面的反省。因為政治制度容易淪為官僚化，看起來具有某種程度的效益，卻也容易陷入「依法行政」而導致「惡法亦法」，讓保護人民的法律僵化在形式主義的思維當中，也因此，當政治制度無法被反省，無法回到原初設計的價值設想當中，就容易陷入一種政治危機。

當我們問：政治是什麼？同樣也在問我們要什麼樣的政治？政治是否只是少數政治人物在媒體上讓人厭煩的喧囂？當我們具有一種判讀能力，還是可以在這些喧囂中辨識出真假與良善之所在。而最讓人擔心的是人們對政治的冷漠，乃至於進入到「去政治化」的狀態之中，因為去政治化的語言，就是一種用來鞏固保守勢力的政治化的修辭，進一步地讓政治孤立轉換成個人存在感的孤單，讓不談政治變成一種清高的道德姿態，當政治用更加複雜的語言試圖讓你覺得不用、也不需要知道政治人物在做什麼的時候，這就是我們應該要警覺的時候，因為政治之惡可能在我們的冷漠與無感當中發生。

〈政治篇〉從公民權到聯邦制的介紹，從政黨政治、權力分立到法案通過，以及各種不同的政治理論從左右光譜到各種主義如資本主義、自由主義、社會主義、共產主義所代表的不同含義，乃至於稅收與分配的問題，到尖銳的金錢與政治之間的關係，擁有公權力者的利益迴避原則，以及媒體作為第四權如何監督這些擁有權力的人。從

關心自己的國內政治到國際地緣政治的思考：日內瓦公約、北大西洋公約組織、冷戰、歐洲共同體以及聯合國安理會、國際刑事法院等這些不同組織的介紹，說明一種政治教育的廣度，提供我們理解，作者想要傳遞什麼樣的政治思考給下一代。

歐洲極右派的出現，甚至新納粹的發生，以及來自於恐怖主義的威脅，德國人是否應該堅持哪一種國家主權的辯解，而對於難民、移民置之不理？還是去理解排外情緒如何被操作以及某種冷靜理性思考的必要？政治教育的目的，不僅給未來的政治人物參考，也提供現在的政治人物機會去反思從政的目的，如果不是競逐利益的話，提醒他們原初對公共性嚮往的從政初衷。

3. 我和世界

「何為哲學？」這雖然是大哉問。我們依然可以從哲學這個學科所面對的事情來理解「哲學是什麼」。哲學面對「存在」（being）的問題，從而去思考存在以及這個世界背後的原因原理、去思考什麼「是」（being）真的、人如何存在（to be）、行動（動機到結果之間的關係）。或者我們可以簡單化約為兩個，面對「世界」和面對「自我」，接下來所面對的是「兩者之間的關係」。哲學要求針對以上這些問題進行後設思考，不僅反思各種可能性，還在可能性中尋找可行性。也就是靜下心去思考那些被我們視為理所當然的事，這些理所當然也往往充滿了條件性的偶然。

古希臘哲學家高吉亞（Gorgias）宣稱「無物存在、即

　　一個人值多少錢，誰是現代奴隸？　　捍衛權利的基本知識

使存在也無法認識、即使認識也無法告訴他人」，徹底質疑我們所謂的理所當然：「存在」、「認識」、「人我溝通」，雖然他正在把他的認識告訴我們，而產生自相矛盾，卻也提供對我們認識確實性的反省。到笛卡兒（René Descartes）提出「我思故我在」，主張即使懷疑也必須有個懷疑的我，即使被欺騙也要有一個被欺騙的我，我們得出一個不可懷疑的我，或是更精準地說是那個思考我的確信。不過，這個「思考我」的存在如果沒有進一步填充其內容，它卻很可能是空洞的。

我們可以在廣義的存在主義者身上，看到人雖然肯定自我存在，但卻會是一種空洞的確信，人因而不斷地焦慮著自身存在的意義，而產生了虛無感。存在是一種行動，而行動則是不斷地面臨選擇，因此選擇成為一個人在面對自我及其行動不可避免的態度，雖然如沙特（Jean-Paul Sartre）所說的「不選擇，也是一種選擇」，但是為了避免「選擇」一詞語意過於空洞，而迴避了選擇，我們則可以進一步說「選擇的選擇」和「不選擇的選擇」是兩個不一樣的選擇。

人有選擇的前提，在於他擁有自由，雖然這樣的自由是有局限的。人只要依自己所認為的、所希望、所欲求的……自由地去行動，他就必須擔負起行為的後果。因此，自由與責任之間是密不可分。不過，當我們進一步將真、假問題放進自由與責任中，就會展開一連串的辯證，從而了解到自己並非如此的自由，或是責任可能成為他人剝削我們的道德話術等等。

〈哲學篇〉中，作者不採取哲學史或概念系統的方式寫作，試圖將哲學知識「化繁為簡」，並建議我們「隨意翻閱」，是因為我們總是要有個機會脫離系統性的知識建構，但這並非意謂著「隨意閱讀」，而是放開既定的框架，留有餘裕地重新思考我們周遭以及自身上所發生的事情。

結語

當我們羨慕歐洲的教育制度之際，羨慕人才養成是多麼優秀，這並非是人種的聰明才智，而是教育制度與外在環境所形塑出來的。「人性無法進化」，我們無法將自己所累積的知識、經驗，透過遺傳讓下一代自然獲得，因此，一旦，我們不認為知識的傳遞是必要的，上一代所累積的知識將一點一滴的流逝，過去的知識，若是不透過教育傳承，前人苦思反省所得到的智慧注定消失，人將會從頭開始，不斷地重來，包括重複著人性中的殘忍與貪婪。不過，人類文明的發展中，它卻可以藉由制度創造某種良善的基礎，在教育中緩解人性中無法避免的貪婪。在這套「向下扎根，德國教育的公民思辨課」的叢書出版之際，台灣現行的12年國教課綱，將最能帶給學生反思能力以及國際交流能力的學科——社會科（歷史、地理、公民）的必修時數，從8小時變成6小時。「借鏡」這套書，或許可以幫我們思考台灣教育改革之「未竟」，台灣現行的教育制度中，遺漏了什麼？

一個人值多少錢，誰是現代奴隸？　捍衛權利的基本知識

一份給青少年參與社會討論的基礎知識

陳中芷｜本書譯者、自由寫作者

儘管台灣書市好不容易藉著《哈利波特》打破了僅為考試與教化的閱讀慣性，開啟了「一無是用」純智性與想像的奇幻世界，除此之外，適合青少年閱讀的書在哪裡？大人常說開卷有益，學校要求經典閱讀，社會鼓勵書香風氣，但是放眼書市，除了兒童繪本，絕大多數是以成人思維編輯出版的各種書籍，逼著中學生早早啃讀所謂的經典名著，可惜的是，超齡閱讀不會帶來超齡的興味。青少年這個尷尬的年齡層，有屬於自己的好奇與困惑，經歷小學階段之後，對家庭與社會有不一樣的觀察，嘗試摸索自己的定位，繪本與經典遠遠不能滿足青少年獨特的閱讀需求。這一套書《Nachgefragt: Basiswissen zum Mitreden》是希望在奇幻文學之外，提供給年輕讀者另類選項，若是他們在疲於篩選與掙扎於規訓之下，依然不忘探問世界與思索自身時，還有一些不會壞了胃口與品味的閱讀選擇。

　　這套書三冊〈哲學篇〉、〈政治篇〉和〈人權與民主篇〉，是從德國一個青少年系列叢書中挑選出來的。這叢書的德文副標題為「參與討論的基本知識」，標明了編輯立意是專為青少年而寫的入門書。引領什麼呢？引領青少年進入公民社會。公民社會並不抽象也不遙遠，就是從如何共同生活開始。而共同生活是從認識自己開始，認識自己始於好奇，好奇也是一切知識與思索的起點。從窮究所

見所聞，到發展出自己能思會想，進而得以與人對話，捍衛自己的主張，傾聽他人的需求，釐清公與私的界線，知道政治的運作，明白個人在社會上的權利與義務；這一切從個人認同到公民身分的理解不會憑空而來，需要某些背景知識。這套書從哲學、政治與人權三個角度，勾勒出一份完整公民教育的基礎知識，提供給青少年在成為正式公民擁有投票權之前，一個思考求索的依憑。

〈哲學篇〉寫的不是哲學史，而是針對青少年提出基本哲學問題，也就是「思考」這回事，以及「如何認識自己」這個命題。全篇從生命關注開始，之後進入哲學史概覽，從古典到現在，囊括整個歐陸哲學發展的大脈絡，收尾落在一個問題：在現代科技不斷翻新進步之下，人又該如何認識自己。作者不單介紹哲學家，也善於組織哲學家的理論思維，以簡化的方式重新提問，隨手撿拾這些哲學思想在生活中的運用，比如德國有名的萊布尼茲餅乾、綠色和平組織所引用謝林的話：錢買不到吃的。書中舉的例子和假設的情境貼近青少年生活，並且兼顧某些哲學思維在歷史脈絡的前後關聯。

〈政治篇〉是從日常生活的面向解釋何謂政治。政治，不僅在台灣，在德國日常生活中，也常以負面形象出現，被鄙夷被唾棄，甚至冷漠以待，但是政治的影響力卻散發在所有生活領域裡，有必要正眼以對，看清楚其中權力關係下自身的權利與義務。這本書裡介紹的議題都是現代民主政治裡的基本問題，從個人到國家、歐盟、國際關係，到非國家組織，描寫出一個非常清楚的圖像：「我們」如

何被統治；在各不同層級的政治機構之間，如何規範和保障了我們的共同生活？最後收尾收在，兒童在政治場域裡可以做什麼？而我們如何共同生活，也就決定了在家、在村、在城乃至在國，我們如何追求共同的幸福感（wohl fühlen），這是古典政治學裡所揭櫫，卻在現代失落的最高理想。此外，本書雖然是以德國的政治現狀解釋給德國的青少年，但是，台灣法政制度多方面襲自德國，書中所提供的法政背景對台灣讀者也有所助益。

現代民主政治的基礎在於人權。〈人權與民主篇〉成書於2008年，尚未觸及台灣當前最熱門的婚姻平權議題。作者從更基礎而廣泛的方式解釋了「人權」概念的三代發展，人權與國家權力之間彼此制約又互相保證的辯證關係，以及透過許多非政府的人權組織勾勒出現代世界人權的圖像，藉著各種國際社運團體呈現出當代為人權努力奮鬥的未竟之業。當我們對人權有更深刻的理解，也就會對當代的婚姻平權議題的爭議有更清晰的價值取捨。貫穿全書而未明言的軸心是1948年通過的聯合國《世界人權宣言》。這篇宣言總結了前代人的受困經驗，奠定了當代人權的基本格局，本書許多篇章包含人權訴訟、新聞自由、平等受教權等等，都在呼應聯合國三十條的人權宣言。書末筆者以聯合國中英德三種官方譯本互校，附上一個讓青少年容易理解的世界人權宣言版本，雖然不能取代正式的官方版本，但足以參考。

這類給青少年看的導論型書籍在德國書市不少，但能寫得舉重若輕的也不多見，這系列叢書從90年代起出版

一個人值多少錢，誰是現代奴隸？　捍衛權利的基本知識

一直是風評極佳的長銷書。作者克里斯汀・舒茨－萊斯擔任過編輯，後來成為兒童青少年書籍的專業作者，擅長以生活化的例子解釋抽象的政治文化概念，文字簡明架構簡潔。這套書不僅是議題更是寫作筆法值得做為台灣出版借鏡，希望作者務實而全面的引導，帶給青少年讀者更犀利的思考能力和更能參與社會表達自我的發言能力，以面對當代複雜多端的公民社會。

專文導讀 為啟程者引路

楊翠｜東華大學華文文學系副教授

　　2016年以來的台灣，擾嚷不歇，各方人馬紛沓湧入台北街頭，同一議題、對立主張，相互爭論與叫囂，敞開一方關於「人權」與「民主」的絕佳演練場所與論辯空間。

　　2014年的318運動，揭露了台灣社會對「民主」的長期誤識。我們終於體認到，選票不等於「民主」。318過後，二次政黨輪替，我們走在重新認識「民主」與「人權」的關鍵時刻。此際，麥田出版《向下扎根！德國教育的公民思辨課》系列，非常有意義。

　　這系列的第一卷「人權與民主篇」，精準地指出，公民思辨的「根」，正是人權與民主。如果不從這裡出發，所謂「民主國家」，就是恐怖危樓，就是剝奪人民主體與尊嚴的魔獸。

　　這部書以深入淺出的敘述筆法，敘寫人權的涵義與價值、人權所含攝的內容與向度，充滿豐富的歷史文獻，舉引各種故事文本，時間跨度從希臘到當代，空間跨度遍及全球，構織成一張密實的人權地圖。

　　書一開場，即揭示人權的本質：「它是一種自然權利，因為它與人的本性一致，也因為它讓人成為人」、「人權是永恆的、獨立的，適用於任何地方。」亦即，「人權」不是被法律制度設計出來的，而是自然天賦的；它一方面具有「生物學意義上的存在」，二方面又超越了生物學的意義，

成為一種永恆的、獨立的、普世的存在。

「人權」做為普世的存在與價值，並不是抽象的概念，而是具體的現實。這部書的另一個特色，即是以各種差異紋理，編織出「人權」的的多重向度；包括免於恐懼與匱乏、知識與教育、生存權、所有權、婦女人權、兒童人權、少數族裔的權利、弱勢階級的權利、社會安全的權利……，乃至於環境污染引起的種種集體權利問題等等。作者強調，人權不能只有一個，「不同人權之間彼此競爭，是沒有意義的」，每個人都有平等的、獨立的人權。人權不僅不是競爭的，更應該是互助的。

書中不斷強調：人權，既是個人的，也是普世的；是一種價值，也是一種現實；是一種思想，也是一種行動。為何需要行動？因為它固然是天賦的，卻又極其難得。難得，是因為龐大的權力體制，時時處處，都在對個人進行權利的剝奪與壓制。

由此，我們進入本書最關鍵的討論：人權與國家。對人權進行制度性剝奪的，通常是國家；無論是打國家悲情牌、國家安全牌、國家團結牌，國家，總是殘害公民人權的最大魔怪。

作者堅定指出，人權高於國家：「從自然法來看，人權是在國家之上的權利。」

因此，當國家成為人權的迫害者，「每個公民都可以起來反抗。」從國家的角度看，是人民建造了國家；從人民的角度看，我們是先成為一個人，然後才成為一國的公民。公民的抵抗權，正是立基於人權高於國家的理念。

即使是緊急狀況，即使國家陷入戰爭，也不能傷害公民人權。本書在這樣的思想基底上，展開「人權」與「民主」關係的思辨，建造了本書的核心意旨。

對於「一個仁慈的統治者好過壞的民主人士嗎？」這個有點詭論的問題，本書舉引英國首相邱吉爾（Winston Churchill）：「民主是最壞的統治形式，除了其他所有被試驗過的政府形式之外。」一語來回應。確然，仁慈的統治者可能被殘暴的統治者繼承，人民無從選擇，但壞的民主人士幾年就可以替換掉，人民有選擇權。

但作者也提醒，民主有漏洞。民主的漏洞，正要以人權來填補。比如，民主體制的普遍律則，是完成多數人的意志，然而，當「當多數人的意志傷害到其他人的尊嚴時」，當少數人被排擠在「民主」的大門外時，「人權」的捍衛，正用以約束這種傷害與排擠。

因此，人權高於國家，人權高於民主體制，人權是普世的。正因人權是普世的，而世界是由我們集體組成的，因此，某一國家對其國民所施加的人權傷害，國際組織、其他國家，就可以介入關心、提出警告、要求改變。涉及人權議題，「介入他國內政」的說法，不能成立。

人權稟於天賦，但人權必須抗鬥。本書描述各種層級的人權組織、非政府組織、人權鬥士，甚至無國界記者，這些堅持以發聲對抗沉默，以行動捍衛人權的戰士身影，在書中到處現身。

最後，本書另一個重要觀點，是既將人權視為個人的天賦權利，更是對社會的公民責任：「我們對人權是有義

｜ 一個人值多少錢，誰是現代奴隸？　捍衛權利的基本知識

務的。當人權不論何時何地被侵害時，我們都應該挺身而出，特別是當國家機器違反人權的時候。」

作者挑戰了一個全球無差別的主流觀點：別人的人權與我無關。人的冷漠，多數來自於「不相干」，「不相干」為「不想理解」提供藉口。然而，本書將「世界」視為一個有機整體，這個世界共享榮光與暗影，沒有誰與誰「不相干」。如果世界是一個共同體，則我們共享、共利，也可能共犯、共罪。

比起共利意識，共罪意識所提供的反思性更重要。那些對國家暴力視而不見的人們，以邪惡的平庸，容忍了暴力持續進行，支持了暴力持續長大，因而也是暴力的一員。

然而，本書雖以「世界」為單位，在實踐層面，卻回歸到公民個人的、日常的生活景框之中。本書強調自覺式民主，從近身開始，從小處做起：「你並不需要因此去非洲挨餓，維護人權是從我們的門前開始。」

而這樣的人權實踐，絕不能以剝奪別人的權利為階梯，甚至為目標。因為，沒有一種人權叫做「我有歧視別人」的人權，沒有一種人權叫做「我有捍衛自己特權」的人權。

烏托邦還在彼岸。而我們已經啟程，朝向那一方人權國度。這本書，是為我們引路的手邊書。

前言

人權指的是每個人所擁有的自由、安全與幸福生活的權利。但是，什麼是自由、安全和幸福的生活？——也許就像你？頭頂上有片屋瓦，有足夠的食物，有可穿的衣物，不必害怕上街去學校，而且還有假日。你要知道，到目前為止，並不是每個人都能擁有這樣的生活。

當你聽到「人權」這個字眼，也許眼前會浮現一些影像，一些我們平常在報紙、電視新聞上所看到的：窮困者、受飢者、逃難者、被毆者、受虐者，甚至是那些無法上學、無暇遊戲的街童和童兵，或負擔沉重的童工。這些影像叫人心痛。眼見他人承受著苦難，心中油然而生的同情讓我們領悟到，所有的人都是一樣的，儘管人們之間存在著許多差異。

使人權受到損害的，不僅僅只是當人在奴役他人，使人痛苦，甚至在殺害他人的時候。人權是從你開始，從你生活的地方——不論是在家庭裡、在朋友圈、在學校或是做任何事的途中——以及和你做什麼有關。我們設定規則，讓每個人得其所需，過著有尊嚴的生活，同時也公平地對待每個人。

為什麼會如此？人在何時以及如何產生了這種構想？是誰「發現」人類的這種權利？為什麼這項「發現」導致了民主？還有，為什麼我們認為民主是最適合實踐人權、保障人權的國家形式？難道民主不

會傷害人權嗎？我們又該如何防範？聯合國的人權宣言是什麼？你會發現這本書就是在回答這些問題，甚至包含更進一步的問題。

有些章節是關於人類尊嚴的狀態，你看，比起你用文字去警醒人對人所做的暴行，人權還有更多的關聯。你將會認識到一些知名的人權鬥士，以及在世界各地為人與人權而努力的組織。你也會了解到，我們的生活是如何對其他遙遠的地區產生影響；而每個人，也就是你我，可以透過行動讓遙遠的那些人也獲得他們應有的權利。你會學到，人們是怎麼擁有市民勇氣*，以及人是如何運用它；又或者，你會了解仇外是如何產生的，歧視又是如何開始的？

本書將從各種層面解釋人權和人類尊嚴的議題。你不需要一口氣讀完，可以挑選你正感興趣的章節來閱讀，也許會喚起你更多的好奇。最後你會相信：人權是個扣人心弦的題目！

當你閱讀完本書，不僅可以和其他人討論人權與民主的議題，也將會用不同的視角看待你周圍的世界，也許會讓你做出更有自覺的行為。任誰琢磨過對人權的看法都會如此。同時本書也將會喚起你對人類尊嚴的尊重。

---

* 譯註：市民勇氣（Zivil-courage）並不是某種人的秉性，而是一種帶有社會責任的特定行為。這個概念最早出現在1835年的法國，起初是指「勇於做出自己的判斷」，到1898年發展成「公民勇氣」。德文Zivilcourage兼具兩者之意，最早出自於德意志帝國宰相俾斯麥。他把市民勇氣和戰場上的勇氣相對比，用來指謫不支持他政策的人。進一步解釋請參見本書最後一章〈沒有任何權利是不需要盡義務的〉。

我是我，你是你。什麼是我們生活所需？

蘇西喜歡打排球，馬庫斯踢足球愛射門，艾美莉帶著熱情彈鋼琴，漢納斯需要安靜解數獨。因為人人平等，所以每個人都有和其他人不同的權利。

不，這並不矛盾。正因為每個人都和其他人一樣具有等同的價值，所以就像蘇西、馬庫斯、艾美莉和她的兄弟，你和我，我們都擁有依照各自喜好過生活的自由與權利。對你來說，一個自我決定、自由的生活，同時也意謂著在個人的自由時間裡，可以沉浸在帶給你趣味的嗜好裡，或者去照拂對你而言非常重要的友誼。當你長大，習得一項職業技能，靠它賺來的錢購買屬於自己的東西，在自己喜愛的地方找到一片可以遮頂的住處。你可以自己決定，是否想要生養孩子，以及想要有幾個。這些種種的權利和自由，經常在我們受到威脅，或者發現其他地方並沒有這些權利和自由時，才會覺察到它們的珍貴。在民主政體下，人們交給政府保護這些權利的任務，國家必須盡可能地確保每位公民維持相當的生活水準以及自由。在我們看來，這一切是如此的理所當然。而只有他人自由受到損害，或者是違反了整體利益和基本需求的時候，國家才會透過法律對這些自由設立限制。

對這些限制的尊重，仰賴父母對我們的教養，不僅是為了家庭的和諧，對父母而言，每個孩子都一樣

重要，也同等關愛。為了讓每個孩子都能相對等地按照個人喜好去發展個性，父母必須讓孩子學會相互考慮對方的需求。所以，蘇西和馬庫斯彼此同意，誰在什麼時間可以去花園玩球；艾美莉和漢納斯達成協議，什麼時候她可以練琴，而她的兄弟何時可以安靜地解他的數獨。孩子們因此學到：每個人都擁有和別人一樣多的權利。

個性（德文individuelle，源自拉丁文individuum，意指不可分割）是指個人得以發展完整自我人格的獨特性和能力。

正義屬於人的尊嚴。

人值得得到他生活中所需要的。一切從吃喝開始，因為飢餓和乾渴會讓人生病，而健康是完整生活的基本前提。和吃喝一樣重要的是，能遮頂的房屋，和足以禦寒保暖又能防止旁人眼光侵犯的衣物。每個人也必須學習一些要比書寫和閱讀更多一點的技能。唯有如此，這樣的人才有能力加入對話，參與決定。此外，知識是學習職業技能賺錢的基礎。沒有這一切，就沒有人可以過得上獨立於他人的生活。最後，我們還需要安全；這包含了對暴力的防範、對私有財產的保護，甚至是那些當我們受到傷害，陷於困難時，可以得到幫助的相關知識。

我們從小學習，不可以傷害他人。所以當蘇西和馬庫斯起爭執時，父母會介入；在學校被人欺凌或是東西被偷時，學校會給出懲處。而國家控制警察與法院遵守以下規則：警察保護我們，法院對犯罪者追究責任。

免於恐懼與匱乏：人的尊嚴起於何處？

兩個青少年用手肘鎖住馬庫斯的脖子，把他的手臂扭向後背壓制他。馬庫斯為了脫身，只好把自己的手機給了他們。從那時候起，馬庫斯就不敢獨自一人上街。

希望你沒有經歷過這樣的事。但是你一定可以想像，對馬庫斯而言，這整件事壞得不能再壞。那種憂懼再次遭到襲擊的情緒無時無刻伴隨著馬庫斯，而人是很難排解這種恐懼的。對馬庫斯而言，不單只是恐懼而已，同時也遺失了一部分自由和與之相應的尊嚴。當新納粹*在德國各處獵殺外國人時，同樣也威脅到在我們身旁那些陌生人的尊嚴。想像一下，你在腦袋裡有個揮不去的念頭，有人會攻擊你，只因為你長得跟別人不一樣，過著不同的生活，和別人不一樣的信仰。而同樣糟糕的是，生活在匱乏之中。一旦當人陷入飢寒交迫，得不到基本生活所需，甚至也無法期望得到救助，當然也就不可能自由自在地對自己的生活做出決定。你從電視新聞，或者報紙照片上看著那些戰爭、衝突、災難事件中的人，你也會對自己的安全產生懷疑。就在這一瞥的這一刻，我們不再感覺美好。這也表明，我們對這般有損人性尊嚴的生活感同身受。免於恐懼與匱乏的自由，是人類尊嚴的開端。

*編註：新納粹（neo-Nazi）是二戰後為復辟往昔的納粹所出現的社會政治運動，追隨者多為種族主義者和國家主義者，歧視非我族類。除了德國，在美國、俄羅斯、烏克蘭、匈牙利等許多國家也都有這樣的組織。

人類的尊嚴意謂著每個人都能滿足他內在的基本需求，而這項訴求保證了人權。人權是人與生俱來所既有的。

人類，你有「權利」！
可是它在哪裡？

自有人類起就有人權。它是一種自然權利，因為它與人的本性一致，也因為它讓人成為人。人之所以為人，並不取決於他是男人還是女人、是黑人或白人、是大個子或小個子，甚至是否離群索居或和其他人住在社區裡。

人權早在人類為它想破頭、為它爭執甚至在寫下它之前，就存在了，雖然歷經千年，人才對自己的權利有所自覺。它很難獲得和也很難維持，你可以看到，人類傷害這些基本人權的能力是如何一再地超越自己。沒有一個國家，也沒有一個法律制定者設計出人權，它屬於生物學意義上的存在，沒有人可以剝奪它。做為人類這種存在，帶著生而既有的能力，發展出不可取代的獨特人格。這些生而既有的能力包括邏輯思考與行動，還有得以建立為自己的以及能夠與他人相處的生活。人權是永恆而獨立的，適用於任何地方。它在國家建立前便已存在，是在國家之前，並且超越國家之上。國家的意義和目的，從過去到現在都在於規範人類的共同生活，最優先的任務無非就是實踐、保障並維護人權。

是男是女，
是黑或是白，
我們如何
做到平等？

早期女性屬於次等階級*，我們知道，現在女性地位較為好些。但是長期以來女性並非在任何方面都擁有像男人一樣的權利。

＊編註：作者在這裡只簡單點出「次等階級」，但是背後指向第二性。所謂第二性意指次於「第一性」的男性。女權運動先驅西蒙・波娃（Simone de Beauvoir）說：「女人不是天生命定的，而是後天塑造出來的。」她在著作《第二性》中討論二戰後女性的地位、社會處境和權力，試圖剖析男女不平等之因。書中援引了大量實例，適合做為了解兩性平權的延伸閱讀書籍。

＊編註：德文中形容某人「有兩隻左手（或左腳）」，其實是暗指手不靈巧（笨手笨腳），或有愚不可及之意。

「少男都很蠢！少女也一樣。」這種論調在你們之間保證是個話題。當然，少男和少女是不一樣的，可能唯一相同的是無聊。但是，男人和女人是平等的，兩者同樣是人。

儘管如此，男人和女人不是在任何地方、任何面向都擁有一樣的權利。就在幾個世紀前當我們談到「人」的時候，指的是男人。當然男人和女人有天生的差異，這就像出身於不同地區、不同文化一樣。有的人膚色深，有的人白一點；穆斯林向阿拉祈禱，基督徒崇敬上帝，印度教徒則信仰萬物有靈的大自然。德國人少幽默多挑剔；據說法國人生活過得比較愜意。我們的多樣性是無窮盡的，然而我們的想像力就像房間裡的抽屜，把和彼此的不同都隔開來上了鎖。

人會在各種層面特別去區分出不同的存在，這讓我們的思考力和創造力奔放。區分差異來自於人類獨一無二的能力，同時也反映出我們的個體性：有的人腦袋特別聰明，卻有兩隻左手*；有的人也許正好相反。藉著這種個體性，每個人才得以發展出獨特的人格特質。我們人類透過社會將自己組織起來，使這種差異性可以聚集共生，以便從中產生某些新的事物，世界正是如此持續地發展，否則我們到現在可能還握著石斧坐在火邊，不知道我們是誰，對身而為人毫無自覺。

思想是自由的！為什麼思考這麼重要？

你試過停止思考嗎？根本不可能，對吧。每個人的腦袋裡總有些什麼在轉。這種能力讓我們之所以為人，因此思想自由*是人權之一。

有時候別人的意見實在是讓你七竅生煙，但是別忘了，你可能也會讓別人氣得半死。沒有人應該或可以禁止別人思考，更不用說規定其他人應該怎麼做。再次聲明，這是不可以的。儘管如此，歷史上一直可見到人類嘗試壓制思想，或者強制將思想導往某個方向。例如，中世紀教會的宗教裁判所假藉上帝之名，追殺異端者，其實只是為了維繫他們所掌控的權力，無數的人卻因此喪失自由，甚至付出生命。直到今日，某些地方還有以宗教之名試圖壓制市民腦袋裡那些令當權者不快的想法。

一個真正好的主意通常出自許多相異的想法。禁止表達另類想法的自由是不對的，任誰這麼做，就是自認自己高人一等。多元意見才是創新所需的溫床，不同的意見迫使我們質疑和檢驗自己的意見是否真的正確。腦袋是人類最重要的工具，就像你捏出來的陶土絕對和你朋友捏的不同，在我們腦中流動的想法也是如此。

＊ 編註：聯合國《公民和政治權利國際公約》第18條：「人人有權享受思想、良心和宗教自由。」2009年，台灣已將《公民與政治權利國際公約》與《經濟社會文化權利國際公約》納入國內法的一部分，落實人權保障。

相信你所喜愛的。
為什麼上帝
屬於或不屬於
生活的一部分？

我從哪裡來？又該往何處去？我該如何生活？我的生命意義在哪裡？這些問題總會在某些時刻困擾著人。有些人認為這些問題的答案在於上帝，有些人只相信可以提出證明的事。

也許你相信某些神祕的存在，把祂帶進你的生活，與之祈禱。你覺得走進基督教的教堂、伊斯蘭教的清真寺、猶太教會堂，或者任何其他宗教信仰可以解決你的困惑與懷疑。或者你只相信科學可以證明的事物，並且堅信，人類終有一天可以查明世界從哪裡來，又是如何開始的。也許，你會把這些問題推得遠遠地，告訴自己何必想破腦袋？我只要知道如何過我的生活即可。

人是否、又如何設想這些困難的問題，是每個人自己的事。倘若你不願意，就不必去討論它們。沒有人可以規定別人該如何看待上帝、面對世界。相反地，如果有人願意，他可以自由地說明自己的信仰並且嘗試去說服別人。而你如何過你的信仰生活，也是你自己的事。當你皈依一種信仰，你自己可以決定是否嚴格依循教義和教規過生活，或者並不想那麼嚴格地遵守。同樣地，即使在宗教信仰裡，也不可以強迫任何人去做什麼，特別是當你沒有遵循教規時，也不該因此被追究。即使有很多宗教領袖不這麼認為，但這些是屬於人權裡信仰與不信仰的自由。

如果你不會閱讀也不會書寫，會怎麼樣？若街名是你不懂的語文，又沒有別人的幫助，可能你就會錯過路了。但也可能是其他情況：或許根本沒人想寫簡訊向你求助，因為他可能從來就得不到答案。

學習、學習、再學習！為什麼學校要比好玩更多一點？

也許你的父母會對後面這種情況很高興，在他們的眼中你總是不停地忙著發簡訊；對你來說就不妙了，這意謂著你從朋友往來互動的圈子裡被踢了出去。你得承認有些事情非常重要，像是在學校裡學到的閱讀和書寫，以及其他一些技能，特別是那些生活中所需要的。同樣地，你在學校裡所經歷的也都具有意義。你在課堂裡往往會問，為什麼你必須關注這個：什麼時候哪個國王在位？誰是最偉大的詩人？為什麼 $a^2 + b^2 = c^2$？而你所學到的一切都使你理解你的生活和世界，以及如何使它們運作得更好一點。這些知識讓你對疑惑和問題得出自己的解答，並且塑造未來。只有當你知道如何和別人談話，只有當人知道自己在說什麼的時候，才可能參與討論。當你知道的愈多，就愈能將你的生活掌握在自己的手中，也就愈少依賴別人。

對於知識的渴求，是人類天生的；你可以觀察任何一名幼童，一旦他可以用自己的雙腿站立，他就征服了他的世界，開始掌握他周遭的一切。當他學會說話，他就會開始問問題，而且不會停止，直到理解圍繞在他周圍的事物。學習是生活的一部分，所以教育也是一項人權。

我的、你的、他的，為什麼人都需要擁有些什麼？

想像一下，你父親想送你到學校，再去上班，但是有個鄰居搶走了你們的車子；或者，你的足球隊想要練習，但是鄰村的少年足球隊卻霸占了你們的球場。

這讓人惱火！可以預期的是，可能你們願意和鄰居分享你們的汽車；你們也許透過協議和鄰村的少年足球隊共同使用球場。儘管如此，汽車與足球場還是有其所有權歸屬，否則任何人都可以跑過來宣稱自己的所有權。

在這兩個例子裡，汽車和足球場並不是生活必需品，但是可以看到，如果不尊重他人的所有權會造成多大的混亂。為了爭奪所有權，我們已經看得夠多人群之間的殺戮與謀殺，還有國與國的戰爭。沒有一個民族喪失了土地還能生存下去。主張所有權，是保障安全與自由生活的權利之一。這種人權超越了個人的層次，不僅適用於個體（人人皆有此權利），同時對集體也一樣有效；任何人都不得奪走一個共同體合法取得的財產。財產所有權保障了我們的生活，每個人對此都有基本的需求。早在史前時代，採集者與獵人都會尋找自己的洞穴以求得保障。農夫也因為擁有自己的耕地而免於成為侍從或奴隸。沒有一個民族可以在沒有土地的情況下建立起自己的國家。所以，集體的人權中對所有權的主張是屬於住民自決權的一部分。

集體意謂著許多東西的共享。

相對於其他國家而言，住民自決權是特別用來保護一個族群獨立的基本生活環境。

一個人值多少錢，誰是現代奴隸？　捍衛權利的基本知識

當你必須獨自行使你自己權利時，會如何？當你只願意做你喜歡做的事，會如何？你夠強大到足以捍衛自己嗎？而你界定自己的領域時，也有足夠的自制力不傷害到別人的權利嗎？

公民思考，政府執行，誰為了防止誰而保護誰？

為了做到這些，需要國家的協助。人為了在社會中能夠集體生活，必須建立共同規則，唯有透過規則，和平共處才成為可能。這些共同生活的規則就是法律。法律規範了國家、社會和個人，甚至人與人之間的權利關係，以及某些對我們的禁止。國家監督人不得觸犯法律，並且在有人犯法時加以干預。監督與干預需要權力，在民主體制中，公民將這項權力交付給他們所選出來的代表。政府有責任確保每個人都遵守共同商定的秩序。

從自然法來看，人權是在國家之上的權利。當國家未能堅守人權原則、完成應當實踐或保障人權的任務時，每個公民都可以起身反抗，然而並沒有針對國家違反規則時該如何處置的案例。國與國之間只能在聯合國組織內彼此鄙視，摩拳擦掌對峙著。當一個國家侵害了人權，聯合國只能試圖導正，卻無法追究其責任。（參見第四章：讓我們來解決它）

聯合國（United Nations, 簡稱UN）成立於第二次大戰後的1945年，目前有193個會員*。其宗旨為致力於世界和平和保障人權。

* 編註：2011年，南蘇丹自蘇丹獨立，成為聯合國第193個會員國。

良心與理性：
人如何成為人？

在你做了違反禁忌的事情之後，你一定體驗過想吐的感覺。這種感覺來自於你清楚意識到自己的行為不對，因為你觸碰到了自己的良知。

你的理性在事前一定告訴過你什麼是對的，但是你不聽，所以良知受到煎熬。每個人都有理性和良知，它們是天性。聯合國在《世界人權宣言》第一條中強調，理性與良知是人類與生俱來的。

我們首先是人。

但是也許你心裡會想，我的狗也會表現出良心不安，尤其是當我抓到牠偷吃桌上香腸的時候。牠會在你面前表現得特別小心翼翼，或者乾脆趴下來表示順從。你的狗做這些，是因為牠知道會受到處罰。而當你做一些不被父母、老師或者其他長輩允許的事情時，你也同樣知道打破禁忌或規則會伴隨著處罰。小孩子知道大人搖晃食指，表示「不」，得停下那些不被允許的行為。但是你的狗並不了解這是為什麼。就你而言，你是個理性的人，單憑處罰的威脅並不足以讓你理解。如果你僅是被告知某些你不理解的禁令，你會抵觸。當大人禁止你做什麼的時候，應該要解釋為什麼不可以做這些、不能做那些的原因。也許你對你的計畫有些好理由，大可提出來討論，最後由提出

更好理由的人勝出（希望如此）。這對雙方來說，都贏得了理性。

理性讓我們正確地認清真相，將客觀的事實有意義地組織起來。就好比你知道開足馬力的跑車以高速衝過十字路口時，有可能撞上一切，而你的身體經不起這樣的衝撞。所以，你的理性告訴你，最好在過馬路時注意來車。

理性同樣幫助我們正確地面對**倫理規範和道德**。你不可以打人，因為你知道這會傷害別人，使人痛苦；你當然也不願意別人用拳頭對著你。當你知道這是不符合理性，還是選擇這麼做的時候，通常出自於兩個原因：一個是你計算好抵抗和挨打；再者，你準備好面對隨著鬥毆結果而來的良心譴責，也許你讓某人因此受罰。

只有人有能力以理性的方式，規範我們身處的世界與彼此之間的互動行為。你的狗聽你的話，是因為你訓練了牠，牠自己並沒有思考過；而我們卻可以分辨什麼是對的，什麼是錯的，什麼是好的，什麼是壞的，這些判斷能力出於我們的天性，這就是「理性與良心是與生俱來的」的意思。每個人都可以自由地選擇，是否使用這天性，或者將理性擺在一邊。但是，不管哪種選擇，隨後都得面對自己的良心，以及對自己行為負責任的要求。

符合倫理規範和道德的行為，意謂著遵循人權規範與社會上已寫與未寫的法律。

2

人權的漫漫長路
Der lange Weg zum Menschenrecht

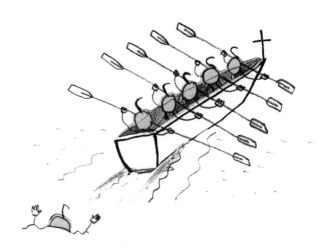

每個人都有自己的位置：人權從何開始？

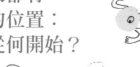

人權或人的尊嚴聽起來很崇高，是那些在上位者該負責的！事實上並非如此，我們每個人以及所做出的每個行為都對人權負有責任。

自1950年起，聯合國將12月10日這一天訂為世界人權日。

對這項任務我們不能袖手旁觀，特別不該交給國家。國家其實和我們並無二致，尤其在民主體制下，人民只是把部分權力在一定時間內交給自己選出來的代表。如我們所知，在民主國家的體制下，對人權的認知是逐步增進的。人類之始即有人權，而人卻經歷許多世紀才對人權有所自覺。在這之前，人得先花盡力氣搞清楚何謂「人之存在」。可以說直到20世紀，人權才被寫下、正式認可為人類固有的權利。聯合國在1948年12月10日這一天通過《世界人權宣言》。

自此之後，《世界人權宣言》成為國家行動的指導原則。

聯合國最初僅58個會員國，到目前有193個（編按：至2017年4月）。阿道夫・希特勒（Adolf Hitler, 1889-1945）在1933到1945年間（編按：其擔任德國總理的期間）的野蠻行徑，讓經歷過其恐怖暴行的會員國深刻體認到，這樣的暴行絕不可再次重演，因而誕生了《世界人權宣言》。希特勒執掌納粹政權的12年間，踐踏人權、殺害異議分子，只因為他們自認是「較優秀」的

人種*。這背後牽涉到的不僅是國家的犯罪，更是一整個民族的問題——只有極少數的人對抗這個政權，卻有數百萬計的德國人參與其中，或者視而不見。我們終究必須問：為何這個國家的人民無法將這個政權導向正途？

《世界人權宣言》共有30個條款，主張國家有權力實踐人權、遵循並保障它。這份宣言不僅對會員國有效，同時也要求世界各國都必須盡其所能去履行。每個人、每個公民必須為自己，也為他人遵循人權規範。前美國第一夫人愛蓮娜・羅斯福（Eleanor Roosevelt）於1948年擔任聯合國人權委員會主席時，對人權從何開始這個問題做了以下回答：從最小的地方，甚至就從世界地圖上都找不到的自家周圍開始。這個地方獨一無二，因為是你居住生活的街坊，是你上學讀書的所在，是你工作的工廠、勞動的農村、上班的辦公室。對每個男人、女人、小孩來說，在這些地方都擁有同等的權利、同等的機會、同等不受歧視的尊嚴。倘若這些權利在這些地方不再適用，那麼在別的地方同樣也失去了它的意義。當公民不積極在個人領域裡盡力維護自己的人權，那麼人類在世上所追求的進步，終將徒勞。

因此我們對人權是有義務的。當人權不論何時何地被侵害，我們都應該挺身而出，特別是當國家機器違反人權的時候。

愛蓮娜・羅斯福是美國第26任總統狄奧多・羅斯福（Theodore Roosevelt，人稱老羅斯福，任期1901-1909）的姪女、第32任總統富蘭克林・羅斯福（Franklin Delano Roosevelt，人稱小羅斯福，任期1933-1945）的妻子。

* 編註：納粹德國宣揚種族主義，認為唯有日耳曼人是最純正、優秀的人種。

人擁有什麼？誰發現了自然法則？

世界是怎麼形成的？背後隱藏了什麼？早在三千多年前，希臘哲學家就開始問這些問題。人類不可避免地問及，什麼是人的本性？

西塞羅堅信自由與平等的自然法則在國家之前，且高於國家。

柏拉圖（Plato, 約427-347 B.C）和亞里斯多德（Aristotle, 約384-322 B.C）在這個問題上邁出了一大步。他們認為，自然賦予人類和其他生物最特殊的差異在於，人類發現了理性。理性使我們和其他動物不同。它讓人類具有個別性，並且不斷地自我發展。同時理性也使人建立起一種團體生活，在其中允許個人以自己的方式生存，並確立人人適用的集體規則。希臘人因此發明了民主制度，號稱人民統治。在希臘城邦，政治（Polis）是指每個自由公民都可以參與並決定集體共同生活的規則。希臘人最早發展出平等的概念，雖然他們只把自由的男人視為人，而且規定公民必須經濟獨立。在這意義下，女人、小孩、陌生人、奴隸都不屬於人。而斯多葛學派進一步從自然法則中演繹出平等，還附加上自由的權利。自此，甚至連奴隸都成為斯多葛學派的信徒。羅馬時代的政治家與哲學家，同時也是最重要的斯多葛信徒西塞羅（Cicero, 106- 43 B.C）承認奴隸制，並解釋：奴隸的工作違反了人的尊嚴。而他所謂的人，指的是自由人。

猶太教與基督教的聖經上說，上帝以自己的樣子創造了人類。基督徒相信上帝派他的兒子以人子的形象來到人間。這些宗教信仰引導出「在上帝面前人人皆平等」的觀念。

上帝之前人人平等。那麼，人還在等待什麼？

《舊約聖經》中出現的十誡內容便已記載關於人權的指示，像保護生命（不可殺人）、保障財產（不可偷竊）。更重要的是它揭示了一種想法：如果上帝是高於一切的存在，那祂是絕對的自由。當祂以自身形象創造了人類，那麼人類也是自由的。由此，早期基督徒承繼了斯多葛學派關於自由與平等的概念，只是它不再被視為出於自然法則，而是出自於上帝。對基督徒來說，自然也是上帝所創造。上帝之子耶穌以人的形象行走人間，這進一步提醒世人：「愛你的鄰人如同愛你自己。」當基督教結束了古典期進入掌握權力的國教期，愛鄰如己的戒律對那些世界統治者而言已成往事。非基督教徒認為教會既不相信自由也不接受平等，而基督教徒卻把這項權利推移至死後來世。不論是希臘的自然法則或者是基督信仰中上帝的恩賜，他們眼中的人權概念離我們當代的理解還很遙遠。但兩者都刺激人類進一步去思考，人何以之所以為人？更重要的是，如何走上認識自己的權利之路。

英格蘭無地王約翰
走向法治國之路！
大憲章是什麼？

中世紀，教會以上帝恩賜之名賦予世俗統治者權力。這種恩賜的力量「向下」發揮影響，促使領主對他的市民和農奴也有急難救助的義務。

＊ 譯註：約翰為亨利二世的幼子，因其父無領地可封與，史稱無地王。在其兄理查一世去世後繼位為英格蘭國王。因與法國連年戰爭，喪失了諾曼第和安茹領地。英格蘭領地旗下的貴族因戰事抽稅苛刻而叛變，約翰王被迫下簽下《大憲章》，自此英格蘭進入憲法政治。

在領主之下的封臣也稱作附庸。

並不是每個領主都會行使「恩賜」。13世紀英格蘭無地王約翰＊（John Lackland, 1166-1216）對旗下貴族強徵稅收，又因任意處決一名公爵和羅馬教皇起了衝突，導致貴族和教會聯手抵抗王權，迫使他於1215年簽下《自由大憲章》。這部憲章是史上第一部規範基本權利的法律文件，成為日後憲法的基石，同時也勾勒出人權的新形象。《大憲章》規定了一般稅收和關稅，特別是承認封臣的自由與財產權。《大憲章》寫下新的規範：沒有一個自由人應該被逮捕監禁，他和他的貨物不該被搶劫、取締、貶逐，或是遭受任何其他攻擊。若我們想剝奪某個自由人的權利，將他關進監牢，必須經由陪審員的法律判決，或是透過地方法律的審理。這表示，只有獨立的法官可以對自由人進行處分。

《大憲章》因此限制了國王的絕對權力。

同時它還保證了封臣所屬的權利，以及一部分的自由。而透過這些史上第一次制定出來的法律，使得每個市民在面對國家時也獲得了保護。憲章中，禁止

國家侵犯、修改或取消基本權利。50年後，不列顛人建立了世上第一個議會，最早只有城市代表、騎士和有爵位者可參與；1360年為了處理國家財政問題，市民代表在所謂的下議院裡也擁有了政治參與權。

《大憲章》距今超過400年，其中的憲法保護延續了下來。特別是1679年通過的《人身保護令》（〔Habeas-Corpus-Akte〕德文意指：祝你擁有身體〔Du mögest den Körper haben〕），在憲法中進一步確立對個人身體自由權的保護。這份文獻規定，沒有任何一位不列顛人可以在未經過起訴和判決之下，被任意且擅自逮捕，同時確立了一罪不二罰的原則。十年後，增加了請願權（Petition of Rights）＊，每個人都有向國王遞交請願書的權利。

一百年後，《大憲章》和《人身保護令》的內涵與精神反映在美洲，之後在法國，最後出現在聯合國人權宣言裡。

議會（Parlament）一詞源自古法語，意指對話（Unterhaltung）

沒有人可以任意被逮捕、監禁或驅逐出境。

＊ 譯註：英國光榮革命之後，議會同意國王即位的條件為必須簽署《權利法案》（Bill of Rights, 1689），這部法案大部分承襲《大憲章》對國王權力的限制以及議會的權利，但增加一條對國王的請願權，被視為英國自《大憲章》之後最重要的一部法案。威廉三世於1689年簽署後即位。

英格蘭國王約翰簽署《大憲章》（1864年木刻版畫）。

誰保護
人不被傷害？

儘管在英格蘭有了一點進步，但是歐洲統治者仍舊相信上帝賦予他們權力，而將人民視為附屬。於是人民開始問：國家究竟是什麼？我們為什麼需要它？

17世紀，人們回想起古典時期的自然法則，即每個人都是獨立的個體，所有人都是平等的。是誰賦予國家權力來統治我們？英國哲學家湯瑪斯・霍布斯（Thomas Hobbes, 1588-1679）回答：人類社會。他認為人就像狼群，彼此對抗，因此需要一個強而有力的國家阻止人類在小團體間彼此撕裂。霍布斯以《聖經》裡記載的海怪「利維坦」（Leviathan）來比喻國家。

他的同鄉，約翰・洛克（John Lock, 1632-1704）卻認為人性本善。他主張人生而擁有三大自然權利：生命、自由與財產。國家的意義和目的在於爭取與保障人類這些基本權利，所以人必須讓渡一些權力給國家，來保證這些權利不受侵害。

法國哲學家尚—雅克・盧梭（Jean-Jacques Rousseau, 1712-1778），則是將社會契約視為統治的先決條件。透過社會契約，人們同意彼此團結在一起。孟德斯鳩（Charles Montesquieu, 1689-1755）追加了一條權力分立原則來防止權力的濫用。他將國家分成三個支柱：立法機關（建立法律）、行政機關（執行法律）與司法機關（司法判決）。

權力分立的原則是保證基本自由權最重要的機制，因為這三種權力可以彼此制衡。

儘管在英格蘭有了一點進步，但是歐洲統治者仍舊相信上帝賦予他們權力，而將人民視為附屬。於是人民開始問：國家究竟是什麼？我們為什麼需要它？

請保持理性！
人如何獲得
他的權利？

霍布斯、洛克、盧梭和孟德斯鳩賦予國家一個目的，以及它的權力形式。而康德進一步解釋：為什麼每個人在國家之中都扮演了決定性的角色？人是如何得到他的權利？

德國哲學家伊曼紐・康德（Immanuel Kant, 1724-1804）指出，人類恣意將自己置於其他權力的支配之下，錯在己身，這只會讓人停止創造自己和群體的生活。人類自願過著臣屬的屈從生活，康德稱之為「自找的幼稚」。正因我們都具有理解能力，所以每個人都有權利和義務用它來發展自己的意志。康德呼籲，人應從這種自己造成的不成熟中解放出來。這項權利是自然賦予人類的禮物。從理解力發展出理性，讓人體認到人生而擁有自由的自然法則。這位極為重要的啟蒙導師（甚至他身處的整個時代都被稱之為「康德時代」）從自由推導出人類的生命權和財產權，他認為追求幸福是每個人的人生目標，既是做為自己的、也是社會與國家的目標之一。康德因而完善了洛克的關於國家目的與人生的理論，同時將人民的自由意志加入其中：若要人人平等，則不僅取決於個人，同時也取決於所有人的意志。也因此，康德為人權鋪好了路。

「自由意謂著認識人的權利。人一旦認識到自己的權利，就會自發地捍衛它。」
——法國哲學家、啟蒙學者伏爾泰（Voltaire, 1694-1778）。

來到新世界！誰第一個解釋人權？

從《大憲章》到洛克的理念，第一個實踐基本權利的是大不列顛帝國，然而18世紀時，卻把移居在殖民地的市民排除在外。這促使他們繼續爭取自己的權利。

1776年6月12日通過的《維吉尼亞權利法案》是維吉尼亞州最原始的基本權利宣言。

這些從歐洲前往美洲的移民者不僅抵抗殖民母國抽取的高額關稅，同時也抗議倫敦議會對其身為市民權利的否認。這群移民者於1776年向大英帝國宣告洛克的契約論，這也是史上第一次透過契約論來詮釋人權。同年，這群殖民地的公民建立起自己的國家——美利堅合眾國，而這份以洛克契約論為基礎的人權宣言正是《維吉尼亞權利法案》(Virginia Bill of Rights)，後來成為《維吉尼亞憲法》的前言。法案的第一條規定，所有人生來擁有相同的自由與獨立，並享有某些天賦權利，即享受生活與自由的權利，包括獲取和擁有財產、追求幸福和享有安全的各種機會和手段；當前所組成的社會不可以藉由任何協議，剝奪其後裔的這些天賦人權。這是康德「追求幸福」的理想首次成為人權主張。第一條款之後，進一步規範了人權必須包含集會和出版的自由、自由遷徙和請願的權利、法律保護的請求權，以及自由選舉權。

請願（德文pettionen源自拉丁文petere，相當於請求〔erbitten〕之意）是指市民向國家的請求。

美國將《維吉尼亞權利法案》視為對本國公民的權利保證。而1789年法國通過了「他們的」《人權宣言》。法國人說，基本權適用於每個人、每個國家。

自由、平等、博愛！法國人為什麼而戰？

法國人民以自由、平等、博愛為要求，推翻了他們的統治者，在全歐洲掀起革命。1789年8月26日，巴黎國民議會通過「自然且不可侵犯的人權宣言」。宣言主張，確保自由與安全和反抗壓迫的權利，是每個政治結社的目的。自由在於有權從事「一切無害於他人的行為」。法律是「普遍意志」的展現，而非個人意思的表達，因此在法律面前人人平等。思想自由與表達意見的自由，是所有的人權中最珍貴的權利；而財產權是神聖不可侵犯的權利之一，除非是為了「公眾需要」，且在公平而預先賠償損害的條件下，任何人的財產都不得任意剝奪。倘若任何一個社會無法保證這些權利，那就是違背了人權，不屬於憲政國家。

法國革命晚期，許多人在斷頭台上斷送了性命，著名的女權運動者奧蘭普・德古熱（Olympe de Gouges）也是其中之一。因為當時的人權主張中所指稱的公民權利僅屬於男性，她提出《婦女和女性公民權利宣言》＊，最後卻在1793年被革命分子送上斷頭台。

＊ 譯註：奧蘭普・德古熱(1748-1793)，法國劇作家、政治活動家，於法國大革命期間致力爭取女權，她因刺殺雅各賓專政(恐怖統治)的領導人羅伯斯比爾(Maximilien François Marie Isidore de Robespierre, 1758-1794)而遭逮捕判刑。她在1791年以《人權宣言》為基礎提出《婦女和女性公民權利宣言》，挑戰《人權宣言》中的男性特權，認為違反人生而平等的原則，要求婦女在法律、社會和政治上的平等權利。當時法國婦女沒有選舉權、不能出任公職、無財產權和職業自由。這份宣言後來成為歐洲女權運動的開端，特別是在爭取婦女選舉權上。

德國如何成為憲政國家？

巴黎《人權宣言》公布之後的40年間，有超過70個歐洲邦國以該宣言的基本權利為範本，建立自己的憲法。

憲法中規定了對國家及其公民一體適用的原則、權利和義務。

基本權利是國家在憲法中保證遵循的人權和公民權利。人權適用於所有的人，而公民權只適用於國家的公民。

19世紀初，南德諸邦才有了自己的**憲法**。德意志在當時尚未建立現代民族國家，仍由許多小型諸侯國組成。拜揚、巴登、符騰堡和黑森等數邦授予轄下屬民**基本權利**，如人身和信仰自由、財產權與法律安定性。一直到1848年12月，才由於法蘭克福聖保羅教堂召開的國民議會發表德意志第一部基本人權憲法草案。這部憲法草案為該年三月革命的結果。起初由各地人民在三月走上街頭反抗貴族的專橫和特權，繼而要求在單一國家下的公民自由權。期間，各地爆發流血衝突，柏林的士兵甚至直接開槍射殺抗議者。

當時的國民議會是由各個德意志邦國選出的議會代表所組成，勞工、農民與婦女被排除在外。法蘭克福國民議會通過了第一部國家憲法，賦予公民針對國家專橫的防衛權。在基本權利中，確立了自由、平等、不受侵犯的居住權、財產權和言論與新聞自由，並取消貴族特權，甚至提出抗議國家濫權的憲法申訴權。不過這部憲法從未生效，因為各邦王室拒絕統一德意志國家的提議，而堅信君權神授的普魯士國王（編按：腓特烈‧威廉四世）也拒絕議

一個人值多少錢，誰是現代奴隸？　捍衛權利的基本知識

會所獻上的帝國皇帝稱號。普魯士國王最後雖然接受法蘭克福憲法草案，但是將選舉權改為**三級選舉制**，又違反平等原則將婦女選舉權排除在外。

　　1871年，22個邦國、3個北德聯盟的自由城市，共同建立起德意志帝國。這一次普魯士國王接受了帝國皇帝的稱號，並任命俾斯麥（Otto von Bismark, 1815-1898）為德意志帝國首任宰相。一部共同的憲法在此時顯得多餘，因為某些邦已自行參考法蘭克福憲法草案。直到第一次世界大戰中戰敗，德皇威廉一世下台後，1919年德國才建立起一個民主政體：威瑪共和國。威瑪共和國的國民會議通過了第一部共同的德意志憲法（編按：即《威瑪憲法》），卻將憲法第48條設定成自我毀滅的工具。該條款同意帝國總統在緊急狀況下可以中斷基本人權，如人身自由以及言論自由。這個條款召喚出納粹的領導人阿道夫・希特勒。他在1933年國會縱火案之後，經過國會多數同意，取消了整部憲法，替納粹恐怖統治開了大道。

　　　　對德國民主來說這是致命的一擊。

　　其後12年間，6,000萬士兵與一般市民在二次世界大戰中付出了性命，600萬名猶太人葬送集中營，2,000萬人喪失了家園，1,100萬人成為戰爭俘虜。世界各國從中學到了教訓，只有重視人權，才能保障人類的和平、自由與尊嚴。

三級選舉制（Drei-Klassen-Wahlrecht）分成富裕、小康以及低收入三級代表（編按：依照納稅額區分），由各級選民選出相同數額的選舉人進入國會。這是不公平制度，因為富裕的選民遠遠少於窮人。

聯合國如何解釋人權？

世界如何走向和平？唯有透過人權！這是1948年聯合國向世界的宣告。聯合國經過三年籌備才正式成立，隨後通過《世界人權宣言》，並將這份宣言做為每個國家的自我承諾。

希特勒在德國進行恐怖統治時，當時的美國總統富蘭克林・羅斯福（1882-1945）就強調，唯有自由才能保障長期的和平。1941年，他提出自由的四大支柱：言論自由、信仰自由、免於恐懼以及免於匱乏的自由。他呼籲各國放下武器，戰爭的威脅只會帶來恐懼。此外，他將免於匱乏的自由定義為個人的經濟安全。

因此，羅斯福總統是第一位將社會安全納入人權的人。

這四大自由是聯合國人權宣言的基礎。人類作惡的能力遠遠超過自身所能想像，希特勒政權野蠻的行徑就是明顯的例子。在這份史上最重要的人權宣言中，對納粹暴行的指責既未出現在導言裡，也未見於其後30個條款的隻字片語，不過字裡行間透露出對暴行的唾棄，以及防止這類行為再次出現的強烈意識。（《世界人權宣言》全文詳見附錄）

這份文件歷時兩年，由18位來自埃及、澳大利亞、比利時、智利、中國、法國、英國、印度、伊朗、前南斯拉夫、巴拿馬、菲律賓、前蘇聯、烏克蘭、白

導言（Präambel）一詞特指具憲法性質的證書或國家法律解釋之類文件的序言。

俄羅斯、烏拉圭、黎巴嫩和美國的成員，受58個會員國委託，絞盡腦汁、彼此爭論，字斟句酌力求達意精準，討論什麼是有尊嚴的生活所不可或缺的？什麼足以保護個人不受國家的濫權所傷？而對個人所擁有的權利來說，什麼又是國家應該提出的保證？宣言由羅斯福總統的遺孀愛蓮娜帶領起草。羅斯福總統是四大自由的「發現者」，也是整個聯合國組織的擘畫者之一，卻在二戰結束前夕辭世，來不及參與聯合國的建立。

愛蓮娜是備受尊敬的前美國第一夫人。她在羅斯福總統執政時期，致力於爭取黑人和婦女的權利。

1948年12月，《世界人權宣言》在巴黎召開的聯合國大會中，以8廢票、無反對者通過。至今有193個會員國承認人人享有同等的生命權，以及人身自由與安全的權利。

愛蓮娜與聯合國人權宣言。

從聯合國到個人：權利如何到你手中？

你從家裡、學校和朋友圈裡認識到「有權利」和「得到權利」是兩回事，人權也是如此。而國家的責任是確保我們獲得這些權利。

《世界人權宣言》第28條指出：「人人有權要求一個能夠使本宣言所宣告的權利和自由，得以充分實現的社會與國際秩序。」國家有義務讓每個人都確實得到生命、自由、工作和受教育的權利，但並不是每個會員國都有相應的舉措，所以聯合國透過協議或公約讓這份宣言得以在各國落實。

國家將人權視為基本權納入憲法之中，每個公民都可據此提出要求。每個國家的立法機關必須在法律條文中完善這些基本權利。另一方面，每個公民也可以起訴國家。假如因為你是個女孩、有黑皮膚或者信奉某個特定的宗教而找不到學校可讀，這就等於侵犯了你的基本人權：基於平等原則，任何人不得因為性別、膚色、宗教而受到歧視，受教權也是國家保障的一部分。以德國來說，人民可以和國家打官司，一路上訴到最高法院——聯邦憲法法院，必要時甚至可以向歐洲人權法院提出告訴。

無論是由上而下或由下而上，都必須始於人權主張，終於足以實踐人權的法律。

國家必須保障它的公民，人人都能擁有生命權、自由權和財產權。

3

只有一個等於沒有

Nur eins
ist keins

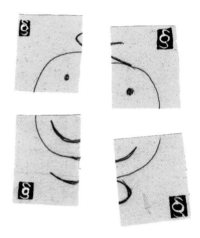

什麼樣的世代
屬於人權世代？

從念頭到理念，從理念到行動，經過將近三千年人類才發現自己的權利，並且開始學會主張它。我們現在要討論的是人權發展的三個世代。*

超過三個世代，我們才歸結出人生而擁有何種權利。這些權利就像家庭世代傳承一樣，沒有祖父母就沒有父母，沒有父母就沒有孩子，一個權利也是建立在另一個權利的基礎上，彼此相互依存。每個世代是什麼、所知為何以及能做些什麼，都是站在前人的肩膀上，添加薪火才得以繼續發展。新的一代向老一輩學習，而年長的一代會看到自己的努力沒有白費，因為後人會加以改善已經建立起來的。只要人類尚存，這樣的傳承就會持續下去。現在這個新世代是第一代開始思考，我們的行為會對人類生活產生何種影響，以及如何對地球的未來負責；也是首次人類開始反省，科學、技術和研究的進步是否真的能替未來帶來更安全的保障，或是摧毀它，而為了人權的發展，我們還必須做些什麼。

*編註：「人權三代」的概念，最早由捷克籍法學家瓦薩克（Karel Vasak, 1929-2015）於1979年法國史特拉斯堡國際人權研究所所提出。

這是一個扣人心弦、卻也是生存之必要的問題。

以家族觀點來看第一代人權，就是公民的、政治的，以及所謂自由的、對個人較少束縛的權利。這是受希臘古典時期哲學的啟蒙，將人類解釋為政

治性存在。每個人所擁有的權利，都由國家參與塑造。希臘人承認人有尊嚴，被視為人權的第一代。自由權保障每個人都有參與決定「我們想要如何生活」的權利，並且或多或少禁止將權力施加在別人身上。自由與平等是人權的核心，但這只是用來使個人的生活安全。每日照表操課，工作、吃飯、休息，也未製造或受到其他損傷，在所謂尊嚴的意義下，這並不是真的自由。以自由權而言，還有一層意義是理解世界。知識就是力量，也因此每個人都有權利和別人一樣「強大」。這個認識源自於17、18世紀啟蒙運動思想家，我們藉此發展出經濟、社會和文化權利等的第二代人權觀念。

　　第一代和第二代人權規範了公民之於國家，國家管理公民的關係。這些自由的權利幫助我們防止國家任意濫權，確保國家履行並保障言論自由和公民選舉的義務。而社會與文化的權利促使國家組織一個共同體，使每個公民得以安全生活和接受教育，義務教育即源自於此。第三代人權觀念則是關於集體人權，國家對此負有共同責任。國家保障住民自決、發展以及和平的權利。人民唯有在不受威脅和外來統治的情況下，才得以自主決定一切，也只有在具備生活自主的基礎上才能談及發展。我們到現在才體認到，這其實包含了一個完整的自然狀態。

國家的自由：
誰在國家之前
保護我們？

沒有人可以拷打或殺死另一個人，甚至是無來由的監禁、羞辱與奴役，以及強迫他人違背良心。國家當然也不能這麼做。自由權保障我們免於這些任意的侵害。

《世界人權宣言》第3條指出：「人人有權享有生命、自由和人身安全。」而所謂的保障包含了身體與心靈的完整無損，因此自由權同時等於人格權。人格權對國家設下一條界線，以約束國家對個人的侵害。沒有人可以藉國家之名侵害我們的身體、任意拘禁、限制言論，或施以精神傷害。警察只有在無法阻止他人刑事犯罪或者自我傷害時，才可以舉起他的警棍；也只有經由公正的審判，法官才可以將犯罪者關入監牢。而即使是身陷囹圄、獲判重罪的犯人，也不因此喪失他的尊嚴。同樣的，也沒有人可以否定殺人凶手的人權。這種自由權與人格權根植於幾世紀前的《大憲章》和人身保護令。過去幾世紀中，全世界逐漸承認它們。自由權是我們用來對抗國家的抵抗權，是用來明確拒絕一個暴行，就像拒絕希特勒的獨裁統治一樣。納粹政權曾以國家之名使人接受其信念，對猶太人和少數民族暗中監視、羞辱、跟蹤、囚禁，甚或做為奴隸，隨意奴役和殺害。

國家中的自由：
誰有話要説？

什麼是國家？國家就是我們所有人。所以是我們創造了國家。《世界人權宣言》第21條明確表示，人民的意志是政府權力的基礎。

這種意志究竟是如何形成的？第21條是關於公民和政治權利的核心：保護資訊和言論自由。若要建立自己的觀點，要先掌握足夠的資訊，所以資訊和新聞自由是人權的一部分。國家不得壓制或審查新聞，甚至影響一般大眾可以或不可以知道什麼。即使在民主體制下，箝制新聞自由的誘惑也很巨大，然而誰願意得到錯誤的消息？新聞和資訊的自由是相當重要的機制，用來防止掩蓋侵權的行為，也用以確保每個公民認識自己的抵抗權。

對於言論自由，還可以做得更多。小至從班級或團體體認到，當大家想要知道共同的目標為何時，就必須公開討論，唯有經過討論，才可能一起努力達成。國家的情況也是一樣。因此集會自由和結社自由皆為人權，但是任何人也都不得被強迫。人民有權決定政黨的政策提議，以及選擇誰可以實踐人民的意志。基於這些理由，人權必須保證每個人都享有自由的選舉權和被選舉權。

權力在此脈絡下為統治之意。

政治（源自希臘文 politiká），實際上指的是國家管理的技術，也就是團體中所有和公共利益有關的事務。

透過國家而來的自由：
什麼是經濟、
社會和文化的權利？

有諺語說：「金錢不是一切，但是沒有錢卻萬萬不能。」金錢在此是指人生活之所需，包括飲食、居住、健康和受教機會。

錢如果再多一點就更好了。財富與奢華是個人的時運，國家並不對此負責。國家只會在人民陷入極端困境或危難時出面。一個享有尊嚴生活中的困境和危難是社會、經濟和文化權利的問題；這也是人權宣言中為何會強調這些權利是「自由發展人格所不可欠缺」的理由。國家有義務透過相應的法律，確保每個人都能意識到這種自由發展的權利，這也是國家存在的理由。關於個人的經濟權利包含了針對就業和失業的保障，這不並意謂國家就必須親自提供就業，而是國家必須建立一個就業框架，在其中創造足夠的工作機會。國家同樣有義務確保同工同酬，在相同工作條件下領得同等薪資。沒有人應該受到剝削，或者被強迫從事非人性的工作。

社會權利中還包括緊急救濟措施，例如針對失業、疾病及年老的照顧。由此發展出社會保險網絡（疾病保險、退休保險和失業救濟）。由國家「介入」這個網絡，要求每個公民在保險基金裡預防性的先行存款。基於社會權利，國家也有義務對母親和兒童給予特別照顧，因為兒童比成人更需要保護，且兒童成

一個人值多少錢，誰是現代奴隸？　捍衛權利的基本知識

長初期都必需依賴母親。文化權利則是保障每個人的受教權，讓人有能力表達自己，並藉此追尋自己的想法。受教權也是國家的義務，國家必須保障並執行讓每個人至少都能夠接受基礎教育。

所以有了義務教育。

《世界人權宣言》第26條闡明，教育的目的在於使每個人都有機會充分發展獨立的人格，以及在其中學會尊重他人。

大家的世界！
什麼是集體權利？

就因為國家過於貧窮而無法保障人的尊嚴，使得那些環境污染所引發的疾病、油田爭奪戰、童工與天災人禍屢屢不絕。這說明當世界違反第三代人權，人類將會受苦。

第三代人權仍相對新穎，也充滿了爭議。這種對集體共同權利的要求，是出於每個國家為彼此負責的意識。唯有當地球上所有國家不只是為自己的公民著想，而是顧及其他所有國家或人民不會因為一己之利而受害，才能真正實踐第三代人權。一個國家的政策對世界生活所帶來的後續影響往往超過其邊界。於1948年通過的《世界人權宣言》第28條中明定集體權利：「人人有權要求一個能夠使得本宣言所載的權利和自由得以充分實現的社會與國際秩序。」

開發中國家尤其堅持這項權利，並要求用生命實踐它。他們記得他們的貧窮是肇因於殖民時代，當時歐洲殖民者對所謂的第三世界也有此說法。雖然這些國家在上個世紀中葉已成為獨立國家，歐洲人卻經常在其間恣意製造界線，使他們帶著新的困難處在貧窮中停滯不前。在某些情況下，大型跨國企業會利用那些在獨立時所產生的權力漏洞進行剝削，以致這些發展中國家往往難以將他們的產品打進世界市場。

集體＊（德文Solidarisch源自拉丁文solidus）涉及全部、整體；而集體行為是指每個人的行動都關乎於全體。

＊譯註：德文Solidarisch這個字有兩層意思，一般中文直譯為「團結」，但是缺少其中「與別人一致」的主動意味；另一種是法律用語，指共同負責，雙方負有義務之意。在這裡還有一個法律用語Solidarrechte，一般譯為「集體權利」，在第三代人權或者環保議題的討論中經常會出現「集體權利」的概念。

於是創造了新的貧困。

我們對石油無止盡的貪婪，也讓第三世界的生活更加困難。高度需求造成油價攀升，使得許多窮國還來不及找到脫困的出路，原油儲備就已耗竭殆盡。而我們壓低採購成本的手段，使當地勞工在違反人權的勞動條件下，只得到卑微的薪資。而兒童必須出門賺錢，上不了學。

正如其名，社會的集體權利是要求眾人團結互助的行動，其中包括對環境的保護。今日所有學童都知道，正因為人類製造廢氣而導致空氣污染，所以全世界都必須為氣候變遷付出代價。社會發展權、資源保護與世界和平也都屬於集體權利。不僅僅是人的尊嚴取決於第三代人權，地球的未來和人類的永續生活也都仰賴它。

聯合國有一份關於國家發展權的公約（編按：聯合國大會於1986年決議通過《發展權利宣言》），但不是每個國家都簽署同意。

貧窮國家的人民需要特別的支援，在德國是由聯邦經濟合作及發展部主導。圖為時任部長的海德瑪麗·維喬雷克—措伊爾（Heidemarie Wieczorek-Zeul）。

只有一個等於沒有！
為什麼每個權利都出自於其他權利？

自由或是平等,哪個更重要？飽滿的胃或是學者的腦袋？工作還是健康？讓不同人權相互競爭毫無意義,因為每個權利都需要彼此。

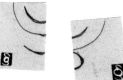

生活本身是極其珍貴的資產。一個人若是為了飢餓和疾病而擔憂,或是處於他人的惡意惡行之下,這樣的人生不是自由的。《世界人權宣言》全部30條詮釋人權的條款都在陳述什麼是人的尊嚴。當你閱讀它時會發現為什麼缺少其他權利,人的尊嚴就無法實現。整體來說,尊嚴是每個人所擁有的一種本質性存在,也就是獨立的人格。唯有當人擁有足夠自由與安全,並且得以辨認出自己的可能性,加以運用和實踐,個人的人格才得以發展。權利是不可分割的,同時也有所限制:個人對自由的主張不可對他人造成妨礙。因此國家的義務在於確保自由的空間不可逾越這條界線,也要保障這樣的空間不受到損害。

參與討論的權利也賦予我們自由的選擇權。只有當人可以閱讀並自我成長,才能意識到這個權利;若是無法主動獲得資訊,也就不知道自己可以選擇什麼事物或對象。倘若一個人沒有書寫能力,也就無法行使他的言論自由權,甚或傳達個人意見。你瞧,每個權利都關係到其他權利。

教育權是否也包含了網路權＊？保護文化價值是否也意謂著要防止來自全球資訊網中的「污染」？要求尊重生命的同時，是否也要尊重基因研究？

為了未來！我們給下一代帶來什麼？

無遠弗屆的網路節點連結著無盡的資訊，同時開啟了所有憎恨、煽動和謊言的閘門。當聯合國於1948年解釋人權時，尚未發生這一切。研究人員在對抗疾病的奮戰中操縱基因，走上一條創造新造物之路，其中也包括人類。你可以撥打熱線，位於世界盡頭的某個顧問會拿起話筒傾聽你。你習慣了雜誌封面的裸照，然而就在十多年前，對某些人來說單單是撇見裸照都會深深激起他們的羞恥感。而在其他國家的文化中，這種圖片到今日依然是禁忌。即使如此，那些國家裡幾乎每個兒童都可以在自己房間下載這些私密照。因此，是誰以及是什麼傷害了人的尊嚴？是那些禁止這些圖片、反對資訊自由者，還是那些允許將這種圖片上傳到網路的人？是什麼讓人必須在低於人性尊嚴的工作條件下以電話維生？他的電話客服讓你滿意，儘管你可能不知情，但是你可能傷害了他的人權；這會不會因此困擾你？生命起源於何時，以及從何時開始受到保護？是自胚胎形成之時，還是嬰孩的第一聲啼哭？人權並沒有改變，改變的是人在生活中的各種可能性。我們該如何行動，才能使人的生活有所尊嚴？這個問題將不斷地更迭出新。

＊ 編註：網路人權是一項新興的概念，一般是指在網路中的各種權利，被列為基本人權之一。聯合國《公民權利和政治權利國際公約》第19條便指出，人人有權透過任何形式自由的發表意見。

4 讓我們來解決它！

Packen
wir's an!

聯合國是世界的良心，還是一塊遮羞布？

一名國家領導人在其他代表發言時，用鞋敲桌並砲轟對方愚蠢。一位政治家遞出象徵和平的橄欖枝，也帶了一把手槍。

* 編註：蘇聯於1992年12月25日總統戈巴契夫宣布辭職後解體。

* 編註：阿拉法特於1974年聯合國大會演講上說：「我帶著橄欖枝和自由戰士的槍來到這裡，請不要讓橄欖枝從我手中滑落。」

所謂**主權**，是指一個國家最高權力的行使，對外可以界定國際法，對內得以對基本權利設限。

國際法宣稱，所有國家是平等的，而且沒有一個國家可以介入操縱其他國家的政治。國際法也可以指國與國之間的契約關係。

在聯合國並不總是上演這種戲碼。但是當193個會員國的代表為和平與人權議題爭吵時，總是火花四射。那位用鞋敲桌的人是時任蘇聯*最高領導人赫魯雪夫（Nikita Khrushchev, 1894-1971），帶著手槍的是前巴勒斯坦領袖阿拉法特*（Yasser Arafat, 1929-2004），兩起事件已過去數十年，就發生世界上最重要的和平論壇——聯合國大會上。這些事件顯示，就像兒童一樣，國家統治者也必須學會在爭吵中不忘尊重對方。但是最壞的言語，也好過立即揮拳，這也是聯合國成立的原因。即使經常發生火爆狀況，世界各國的重要代表仍然每年一度齊聚聯合國紐約總部參與大會。

聯合國是「世界的良心」，這一點也體現在人權問題上。戰爭販子和酷刑者必須考慮到，在大會中會招致其他國家公開的譴責，甚至被釘上恥辱柱。然而，聯合國卻無法如此簡單地藉此遏止罪行。因為儘管加入聯合國，會員國仍保有國家**主權**，而聯合國也禁止直接介入各國國內事務。因此批評者指責聯合國只是一些不義之國為遮掩其劣

一個人值多少錢，誰是現代奴隸？　捍衛權利的基本知識

行的遮羞布。不過自1948年人權公約公布後，這塊遮羞布至少撕開了一個洞。

聯合國的政策是跨出去的一小步。

　　駑馬十駕，儘管走得慢還是有所得。聯合國的人權條款是一種企圖宣言，不具一致性，不過其中某些部分也形成了條約和協定。誰簽署了這些，就必須受到他國的批評和檢視。聯合國無法強迫任何國家做什麼，然而數十年來，也累積許多策略和方法來對犯罪國施加壓力。他們最強的工具是迫使違反人權者透過鏡子照見自己的嘴臉，最重要的武器是語言，基本章程是**外交手段**。當然還不只這些，聯合國安理會另有**制裁**手段，例如祭出貿易抵制或派出維和部隊。為了監督人權狀況，還另設有人權事務高級專員。

外交被稱為談判的藝術。

制裁（德文sanktion源自拉丁文sanctio）是對違反權利與規範的懲罰性威脅。

聯合國紐約總部舉行年會的會議大廳。

文件需要耐性：
條約和公約
帶來什麼？

高舉人權的旗幟很棒，但是我們該如何實踐它？每個人做他能做的，我們互相幫助。這是公約的意義。誰簽署了它，就有義務做得比所表現出來的正面意願要更多一些。

公約的意思是彼此協議（德文konvention源自拉丁文conventio）。

《世界人權宣言》和《公民和政治權利國際公約》、《經濟、社會及文化權利國際公約》共同組成《國際人權憲章》。

＊編註：聯合國人權理事會於2006年成立，前身為聯合國人權委員會。

一組完整的條約得以進一步實踐人權宣言。不是每個國家都會簽署每份條約，但是只要簽署了一份公約，就表示同意接受其他簽署國的約束，而且必須在聯合國陳述與回答於何時以及為何違反人權宣言。1966年，145個簽署名單擦亮了一份關於經濟、社會及文化權利的國際條約，也就是所謂的社會條約。同年，148個國家也同意簽署另一份關於公民和政治權利的國際公約，這份公約不僅允許投訴其他國家，同時也為個別公民爭取到申訴的權利，也就是可以個人身分於聯合國人權委員會上指控國家違反人權。為了減低濫用與疏失，每個國家可以按自己的期限推行各項公約，要一舉達成並不容易。每個國家可以有自己的施行計畫，以及願意在何時實踐到何種程度。如果做不到，聯合國人權理事會＊就會針對個別國家提出建議。除了上述兩公約外，還有其他像是反對種族歧視、禁止酷刑、消除婦女歧視，以及保護兒童權利等各種公約。

當國家剝奪個人的人權時，每個人都可以在聯合國人權理事會提出申訴。從一些案例可以看出，申訴不僅只是針對身體與生命的威脅而已。

從座艙引退：誰在何時向人權理事會申訴？

澳洲的飛機駕駛員向人權理事會控告自己國家的航空公司，因為公司打算強制他們60歲退休。18位人權理事會的專家判決，單就年齡因素不構成退休要件。在澳洲，這批機師的提告遭到駁回，他們因年齡而遭致歧視。一名俄裔拉脫維亞女教師因為未能獲准成為首都里加議會的候選人而提出告訴。根據她的說法，理由是她的拉脫維亞語太糟；對此，她提出一份入校服務語言測驗的合格成績單。她認為因她的族裔背景而受到國家、社會的歧視。一名菲律賓市民未經正當審判遭到9年的不當羈押，該國因而被申斥。一名荷蘭母親為她孩子的半孤兒撫恤金爭取聯合國的幫助；孩子的父親在他出生前不幸離世，而這對父母並未正式結婚，社會保險局因此拒絕給付撫卹金。然而，不論是婚生子還是非婚生子都應享有同樣的待遇。祕魯再次受到外交孤立的處罰，該國政府拒絕一名17歲少女墮胎，而胎兒因先天重度殘疾，出生後不久即夭折。這名年輕的母親因不堪嬰兒過世，過度悲傷而身染重病。

每一位公民，當他的國家參與簽署了聯合國各項民權條約，而又剝奪他的權利時，都可以得到人權理事會的幫助。

人權理事會
是人形看板，
還是權力機構？

沒有國家喜歡經常被聯合國人權理事會投訴。人權理事會專門揪出世界的痛處與邪惡，彰顯出聯合國艱難地在棘手問題上尋求各方平衡的嘗試。

人權理事會和非政府組織（NGO）緊密合作，這些非政府組織經常站在第一線監察政府與他的市民互動的情況。

＊編註：前美國總統歐巴馬曾於2009年簽屬行政命令關閉此處，但遭到國會反對。

＊編註：俄羅斯於2016年改選中被踢出，被指出與其介入敘利亞內戰有關。

人權理事會的運作正好反映出聯合國的兩難。他們有機會將國家逼上檯桌，限制他們的權力。幾乎世界上所有國家在聯合國裡都有席位和投票權，甚至是那些將人權踩在腳下、剝奪人性尊嚴、嚴刑拷打或殺害自己公民的國家。通常這些犯罪國會試圖在年會上影響其他會員國如何回應其不正義的作為，以致人權理事會的任務異常艱鉅。

人權理事會有47個席位，每三年在聯合國大會上推選出新的成員。這47位成員聽取簡報，嘗試透過協商和建議來處理聯合國針對各個國家維護人權的相關事務。推選前，聯合國會檢核候選者及其國家是如何處理人權的問題，同時也可以拔除任何不符資格會員國的職務。人權理事會的席位依照地域大小分配，非洲和亞洲各佔13席，拉丁美洲與加勒比海國家佔8席，東歐6席，西歐和其他地區國家共佔7席。因美軍在古巴的關塔那摩灣軍事拘押中心＊違反人權案，世界上最具權勢的美國在2006年為避免成為笑柄，而未參與角逐。儘管俄羅斯＊和中國大規模迫害人權，卻依然得到席位和投票權（編按：此處是指第一次理事會成員選舉的情況）。

所以，人權理事會的公信力額外重要。理事會針對不同國家、不同主題為聯合國撰寫人權分析報告，調查員再將這些報告送交世界各國。舉例來說，2007年德國人權報告裡有關教育的部分得到一個壞評。調查員譴責在德國的學校系統裡，外籍生和弱勢的青少年並未獲得和其他孩童同等的機會。

美軍在2001年911恐怖攻擊之後，在關塔那摩灣基地持續以違反人權的方式嚴刑拷打參與恐攻的嫌疑犯。

人權理事會也是一種消防隊。

何處失火了，好比某個政權、軍隊或任一政府組織在他們的境內威脅或企圖消滅、傷害人民的生命與身體，人權理事會就會派出特別調查員前往。一如2007年秋天，緬甸軍政府毆打、射殺反對軍政府的和平示威民眾和僧侶，甚至製造反對派示威者的失蹤。人權理事會特別調查小組試圖喚起其他政府的良知，出面協調並幫助受難者抵抗緬甸軍政府的恐怖暴力。雖然每個國家可以拒絕聯合國特別調查員進入當地，但會因此損害自己在國際上的名聲。而派遣至現場的調查員會在理事會和年會上針對聯合國如何重建人權的問題提出建議，常引起激烈且長時間、極盡煎熬的討論。可惜聯合國的指謫力量經常過於薄弱，幾乎等於沒做什麼，而且嘗試採取的外交手段往往也不夠即時，甚至毫無效果。非洲盧安達的種族大屠殺便是一例。

提出與政府不同意見的人，稱之為反對派。

1994年，盧安達境內的胡圖族（Hutu）對交戰部落圖西族（Tutsi）展開恐怖大屠殺，死亡人數高達一百多萬人。

人權事務
高級專員
做些什麼？

人權專員並未佩帶手槍，也不拘捕犯人，但帶著他的隊伍不斷巡邏。他們試圖在事件現場，這讓那些國家的執政者感到緊張。

聯合國人權事務高級專員的武器是寧靜的外交手段。他或她是由聯合國祕書長直接任命，每四年一任。如果人權事務高級專員與聯合國大會雙方同意，還可以任命第二位候選人。

　　人權事務高級專員在瑞士日內瓦協調所有聯合國旗下人權機構的工作，與人權理事會互相支援。不只是聽取和協調聯合國人權組織的行動，他還密切接觸非政府組織、個別國家、經濟組織，甚至當地居民。必要時，人權事務高級專員也會在單一地區設立辦事處和中心，並派遣調查小組。當戰事或者災難過去，若情況允許，他會協助當事國重建人權。另外，他也會為聯合國祕書長和人權理事會指點迷津。這一切稱之為寧靜外交。人權事務高級專員並不對他所做的、所注意到的事大肆宣揚，但他提出他的看法，更加仔細傾聽這世界的需要。就像路易絲・艾伯（〔Louise Arbour〕2004 年被任命為聯合國人權事務高級專員），儘管注定徒勞無功，她仍對執行伊拉克獨裁者薩達姆・海珊（Saddam Hussein）的死刑抗議到最後。

路易絲・艾伯認為，即使是海珊這樣的大屠殺凶手也依然有他的生命權。

76　　一個人值多少錢，誰是現代奴隸？　　捍衛權利的基本知識

誰犯了法，就得上法庭，這應該是一般法治國家的常態。但是當以國家之名犯罪，誰可以審理？為此，在2002年成立了國際刑事法院做為最高權力機構。

最高權力機構：
世界法庭在哪裡？

國際刑事法院設有一名檢察官和18位法官，法官每九年遴選一次，他們可以對那些犯下種族屠殺、剝奪少數族群權益者、戰犯，以及違反人權者追究責任。對這個法庭來說，它的典範是審理前南斯拉夫戰犯（1993）和盧安達問題（1994）的國際法庭。在這兩個國家，有許多人遭到跟監與謀殺，只因為出身於特定的族群或種族。

國際法庭為一特殊法庭，專門審理、懲誡違反國際法的罪犯。

國際刑事法院位於荷蘭海牙。在這裡，國家或政府領導人，甚或聯合國官員都有可能因為犯罪而成為被告。這是針對在當事國無能力、也無意願起訴嫌疑犯的補救措施，但也不是所有國家支持這個國際刑事法庭。至2016年，有124個國家同意簽署一份1998年在羅馬通過的《羅馬規約》，但是強權國家如美國與中國迄今並未簽署，也因此沒有機會在海牙國際刑事法院起訴毒販、恐怖分子或者是環境罪犯。而美國辯稱，他們不願意自己的公民在世界其他地方被起訴，並且表示，我們可以自己來。

聯合國安全理事會有多大權力？

戰爭是最糟糕的暴力形式，因為它會破壞人類所有的權利。安全理事會是聯合國最具權力的機構，旨在阻止戰爭、維護或恢復國際和平。

安理會15個成員國專門處理聯合國最棘手、也是最重要的任務。為了捍衛或恢復人權，它是唯一可以直接進入事件現場干預其他國家的組織。此外，還能決定制裁行動、派出軍隊或人道救援組織，以便仲裁衝突事件重啟和平，或在危機地區協助建立或重建當地政府機構。其中包括建立排水系統、保障選舉安全、分配救濟物資、設立機關行號，以及對叛軍的繳械。安全理事會決定這些行動，要求聯合國成員配合出動軍隊、派出專業人士，或者請求歐盟，甚至邀請西方防衛同盟的北大西洋公約組織協同處理。

1948年之後，安理會共派出48次維和部隊（2007年資料），單就2006年來看，參與維和行動的人員就超過101,000人，被派往18個地區，其中包括士兵、觀察員、警察和民間專家。維和部隊因為戴有聯合國徽章的藍色鋼盔或貝雷帽，而有「藍盔部隊（或藍扁帽）」之稱。早期的維和部隊不能配備武器，自從1990年代爆發南斯拉夫聯盟解體戰爭之後，他們可以在執行和平任務中使用武器。這一點在當時或現在都飽受爭議。

人道（德文Humaitär源自拉丁文humanitas）是指人的福祉。

聯合國安全理事會有5個常任理事國（中國、法國、英國、俄羅斯和美國），還有10個非常任國，每兩年遴選一次。每項決議需要9個贊成票，以及5個常任理事國全體同意。常任理事國還擁有否決權，有權單獨擋下決議。所以針對這個委員會的改革有過不少討論。

一個人值多少錢，誰是現代奴隸？　捍衛權利的基本知識

人權適用於任何地方與任何人。然而，世界不同的地區也有其充滿地域性的人權觀。這些不同的人權觀反映出，是什麼既困擾也塑造了當地的人民、國家與文化。

非洲、美洲和伊斯蘭國家：究竟什麼對誰特別重要？

《非洲人權憲章》陳述了殖民時代沉重的遺產。非洲人民在歐洲被當作奴隸，最後又被恣意偽建成現代國家，將原本不屬於彼此的人民組合在一起，於是激發衝突，而衝突又導致連綿不斷的戰爭。當代的非洲擔憂在工業化國家手中喪失自己的自由，因為大型企業宰制了他們國家的經濟命脈。在《班竹憲章》（編按：即《非洲人權和民族權利憲章》〔1981〕）中，除了人權之外，還因此特別增列民族權利。聯合國人權憲章奠基於歐洲歷史，所以用它來衡量個別地區的自由權特別困難。不過相較之下，非洲更加注重第三代人權，強調集體發展的權利和非洲大陸的自由，而這些自由，根據《非洲憲章》所述，正受到外國軍事基地的威脅。《非洲憲章》同時指出，個人的能力必須留在國內、為國家所用，這是公民的義務。非洲國家還有一份自己的人權公約，然而加拿大這個地理面積最大的國家並未簽署這份公約，最強大的美國甚至並未予以承認。

而最具爭議性的是《伊斯蘭人權宣言》，它以《可蘭經》的戒律為基礎，卻有完全不一樣的解釋。

班竹（Banjul）位於非洲的甘比亞。

在國際法中，承認是指一份合約需要其他國家的確認。

《伊斯蘭人權宣言》認為人權是神所賜予，並將人權置於宗教之下。

歐洲跑在前面：誰在史特拉斯堡做正確的事？

彼此靠得愈近，愈容易見微知著。因此，歐洲另外通過一個自己的人權宣言，並據此專門為歐洲的公民設立一個特別法庭。

1949年，由10個國家共同成立歐洲委員會。這個和平聯盟的目標是加強人權和建立民主制度。目前已有47個成員國，有些是非歐洲國家。

歐洲人權法院是全世界獨一無二為**歐洲委員會**成員國裡的個人所設立的人權據點。無論是有關當局剝奪兒童和父母接觸的機會，或是被告必須等待冗長的訴訟程序，或是受刑犯覺得在監獄裡受到不人道的對待，任何人都可以在史特拉斯堡（編按：歐洲人權法院所在地，位於法國）提出告訴，並且有希望得到法官的幫助。原告會得到他們的權利，而敗訴的國家則必須調整其違反人權的做法，有時甚至必須支付補償金。

1998年，歐洲人權法院*肩負起它的任務。

歐洲人權法院的法官在很短的時間內，成為世界上業務最繁忙的人。每年有成千上萬的人向史特拉斯堡投訴，那裡的法官會先評估申訴案件是否合理，通常他們可以成功地解決案件。此外，有些原告和被告國並未走上法庭程序；也有國家控告國家的案例。

歐洲委員會於1953年通過《歐洲人權公約》。委員會的成員國始終深相信，基於歐洲共同的歷史、傳統和文化的背景，可以比過於龐大的聯合國

＊編註：歐洲人權法院創設於1959年，1998年成為永久性常設法院。

更容易、也更快地落實人權。這份公約裡重申了世界人權，如生命權、自由權、公正審判權，免於酷刑、強迫勞動、不人道的對待，還有言論與信仰的自由，以及平等。而這份《歐洲人權公約》最先進之處在於，參與的國家自願交出部分司法裁判權。

　　歐洲委員會也設有自己的人權高級專員，針對各國提出建議，更有力地實踐與保障人的尊嚴。歐洲反種族主義和反不寬容委員會（ECRI）監督各個國家是否充分保障少數族群的權益，以及是否確實落實人權。ECRI的監察員對於不公平和國家行政疏失的情況，會提出具體的補救措施。以德國仇外事件為例，監察員建議改善外籍勞工的勞動合約，以及在學校裡增加多元文化的議題。

歐洲人權法院的法官群。

孩子、孩子！你們擁有什麼特別的權利？

吃這個！放下那個！去寫功課！大人有時相當煩人。但更糟糕的是，沒有人照顧你。對一個有尊嚴的生命來說，關懷、保護和教育是最重要的幫助。

因此有個針對兒童的聯合國公約。這份《兒童權利公約》具體指出，兒童必須享有一個人性尊嚴的生活。目前有196個國家簽署，承諾實踐並保證兒童權利。公約中列舉出什麼對兒童是重要的，可以讓他們在幸福、愛和理解的環境中成長。兒童比成人脆弱，也依賴大人而活，因而需要特別的保護，不允許任何人施加暴力或是剝削、虐待；此外，他們的時間是要用來學習和玩耍的。未滿18歲的青少年也被視為兒童，除非國家透過正式法律界定更早的成年年齡。

基於兒童權，國家有義務以兒童為主擬定一切相關措施。舉例來說，城市建設必須要有學校和托兒所，或是在兒童經常出入的區域街道設置紅綠燈。國家應該確保不可以毆打、剝削及狎暱兒童。當這些事件發生時，兒童得以透過護幼專線*，或其他諮商和庇護機構要求幫助和保護。國家在緊急狀況時得以介入以保護兒童。而即使兒童必須進行安置，也沒有人可以禁止他和父母聯繫。每個兒童都有權利擁有自己的名字和國籍。當兒童和父母分住在不同國家，必須允許他們自由出入境拜訪家人。

德國於1992年簽署聯合國《兒童權利公約》，但是有所保留。這份公約並未規定對申請難民的兒童和兒童難民提供特別保護和處置措施，就如一般對待成年難民的方式。

* 編註：台灣設有結合保護婦女和兒童人身安全的24小時求助專線「113」，這個號碼代表一支電話、一個窗口、三種服務（家庭暴力、兒童保護、性侵害）。

一個人值多少錢，誰是現代奴隸？　捍衛權利的基本知識

兒童和大人一樣擁有言論和信仰的自由，而且必須確保他們能夠得到足夠的訊息，不得拒絕提供報紙、廣播和電視上對他們而言重要的相關新聞。此外，鼓勵大眾媒體滿足兒童需求的同時，兒童無須擔心大人為他們提供的節目，甚至主張兒童讀物的權利也被列入公約之中。國家必須提供機會讓兒童彼此聚會。沒有人可以干預兒童的隱私或窺探他們的祕密，私領域必須受到保護，好比沒有人可以偷看你的信件，或者打探你的家庭生活。

　　兒童有權利要求特別保護他們的健康，這從未出生時就開始了，所以這項特殊保護也及於懷孕婦女。

　　　　　　　兒童有權要求免費上學。

　　每個國家必須確保兒童確實去上學。有很多家庭必須所有成員都出去工作才能夠維持生活，所以並未全面禁止童工。但是國家有義務規定最低受僱年齡，以及確保童工不被剝削。

　　沒有人可以買賣兒童。兒童公約裡禁止兒童色情製品和賣淫。同樣也禁止將15歲以下的兒童送上戰場。而兒童難民當然享有和庇護國兒童一樣的權利。

5

民主人士的工具
Das Werkzeug der Demokraten

一個仁慈的統治者勝過一名糟糕的民主人士？

從前，有個國王愛護著他的子民就像父親照顧孩子一樣。有爭執時，他來仲裁；誰若是餓了，他送食物。人民都愛戴他，因為什麼都不需要自己張羅。

「……如果這名國王沒有死，他的子民現在仍猶如生活在天堂裡。」童話故事總是美好的。但是，這樣的童話若是真的呢？誰又會知道世人能否承受得起這樣的天堂？

當一個民族把他們的命運完全交給一個哪怕是如此仁慈的統治者手上，仍舊冒著極大的風險。萬一繼承的是一名暴君呢？而且這種高度依賴的生活型態並不符合人的本性。這話很沉重，但也許你還記得，這種說法並不只是出自於哲學家的判斷，而是從每個人追求自由、平等與獨立，致力於發展自我人格和個人幸福時，便已開啟（參見P.49）。這些努力當然也促使人掌握自己的命運，所以國家顧及每個人，而每個人也必須承擔起自己的部分。這條認識自我之路始於希臘古典時期，最後匯集於《世界人權宣言》。

希臘人「發現了」第一代人權，那些關於自由、平等和民主的國家形式，並不是出於偶然。它賦予每個人同樣的機會，一起參與塑造共同體。這種初代人權像是民主的父母，而民主則是現代人權的搖籃。

民主一詞源自於希臘文，意指人民統治。

一個人值多少錢，誰是現代奴隸？　　捍衛權利的基本知識

並不是每個國家在高舉民主旗幟的同時，又保證實行民主。這取決於是否以及如何對國家的所有事務堅守民主規則。即使是民主國家，人權是否始終維持在良好的狀態，也取決於公民如何認真地看待，又如何努力地去實踐它。

人權是需要保持警惕的。

這也意謂著每個人能夠意識到身為公民所擁有的權利和義務。其中最重要的權利就是選舉權。誰放棄了這項權利，等於不需註記就自動放棄了他的同意權，並且玩弄了這項權利，隨後再自我抱怨。同樣重要的是，看緊那些被選出來的人是否在職務上實際認真做事，否則就罷免他。民主制度是一種國家的形式，也是實踐人權最好的工具。

英國首相邱吉爾（Winston Churchill, 1874-1965）說：「民主是最壞的政府形式──除了其他所有不斷被試驗過的政府形式之外。」他在1940至1945年，以及1951至1955年間，兩度擔任首相。

2005年德國聯邦議院選舉時的政黨競選海報。

我們就是人民！
我們說什麼，誰就做什麼？

所有的人都是平等的。因此在民主國家中，每個人都有同等發言的權利。國家無法詢問每個人想要什麼，所以人民會定期選出他們的代表。

候選人必須提前說明他們的主張，他將替人們留意與爭取什麼。有的人想要更多的公路，其他的人寧願搭火車。有的人想要國家負擔家庭所有的費用，另外一些人卻說，能幸運得到一個孩子便已足夠。一個組織認為士兵是多餘的，其他的團體卻敦促國家盡可能地擴軍。民主運作的基本原則是：國家遵循大多數公民出於理性意志的決定。同時，基於人權，國家也必須促使多數人顧及少數人的合法權益。

如何根據目的和用途靈活且親民地使民主正常運行，取決於大多數的市民對自己的國家事務的關心；自行組織起來，讓每個人說出自己要什麼，而政黨在其中提供幫助。德國憲法指出，政黨有助於建構人民意志。政黨凝聚那些相同理念的人，並且處理同伴的建議，由此擬定自己的政策計畫。所有成年的公民在定期的議會選舉中，投票選出最令他們滿意的政黨，而政黨應當實踐政黨政策。為此，政黨候選人將在議會陳述他們在選舉之後所承擔的理念，再由所有議員將這些政黨理念彙整成型，組成法案。

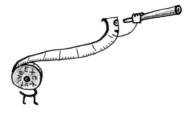

在議會這個由人民代表所組成的機構中，被選出來的代表依據各自的政黨組成黨團。最大的黨團若是獲得過半數的得票率並且得到議員的支持，即成為執政黨。倘若沒有一個黨團有超過50%的得票率，可以由得票最高的政黨與其他政黨組成聯合政府。聯合政府必須通力合作，建立起有效的執政。而其餘政黨所組成的反對黨則扮演著重要的角色，因為在他們背後依然有龐大的選票支持，他們的利益不應該、也不可以藏在桌子下。反對黨在議會對於法案擁有和執政黨團平等的表決權，可要求政府承擔責任，監督執政以及提出政策建議。執政黨必須確認，什麼是國家必須且應該優先管理處理的事。它決定了政策方向，並且提出法案。而其他黨團的議員也可以個別提出法案。

法案最後必須由議會全體表決。

立法機關擁有立法權。但是法案通過之後，還需要國家行政單位的協助才能執行。政府是執行機關，擁有行政權。最後還有第三個機關：擁有司法權的司法機關，也就是法院。公民在法院裡提出訴訟，主張自己的權利，或者捍衛自己，對抗不公。三權分立是民主國家最最重要的基礎。

德國國會為德國聯邦議院＊，每四年選舉一次。而地方各邦也有自己的議會，稱為邦議會。

議會民主制是代議民主制，因為被選出來的立法委員代表了人民的意志。在直接民主制中（例如瑞士的制度），人民可以直接對國家的單一政策進行表決。

＊ 編註：德國最高立法機關由「聯邦議院」與「聯邦參議院」共同組成。前者由人民普選產生，採單一選區兩票制；後者由各邦代表所組成。

人權對民主的束縛在哪裡？

民主制度應該要完成國家多數人的意志。但是，當多數人的意志傷害到其他人的尊嚴時，該怎麼辦？所以人權同樣也對民主產生一些約束力，讓這樣的事情不會發生。

民主是人類尊嚴的產物。只要還沒有其他可以比民主制度對於維護人類尊嚴做得更好之前，民主制度依然是最合適的國家形式。基於自由、普遍和平等的投票權，證明每個人都有不亞於別人的話語權。由於人民意志有時也會針對其他人加以反對，所以人權對此設了一道防線。大多數的民主國家會在他們的憲法開宗明義基本權利和人權條款，任何人都不能加以改變，甚至也不得以多數決廢止。德國基本法中關於基本權利共有19條，第一條高於一切。它規定：「人的尊嚴不可侵犯。尊重它與保護它是所有國家權力機關的義務。」基本法第一條提供了憲法、國家及其制定的法律等一切的基礎。德國廢除死刑並不是基於這條基本法，但他們也絕不會恢復死刑，尤其在簽署聯合國廢止死刑的協議後。有些令人髮指的罪行引起社會重新執行死刑的呼籲，然而這些呼籲是徒勞的。雖然有些民主國家仍然有死刑，不過有愈來愈多的國家體認到，即使是殘暴的罪犯，也不能剝奪他的生命權。

只有當一個國家陷入特別緊急狀況，例如戰爭、其他重大災害，或者人權被濫用於危害國家，才能暫時凍結人權的行使。

緊急救援：
人權適用於
一切嗎？

凍結人權只有在緊急例外狀態才被允許，並且必須經由聯合國審查。此外，國家不可以歧視任何人，也就是一個人不能因為他的種族、膚色、性別、語言和社會背景而受到歧視。同樣地，在緊急狀態下，所有人也都是平等的。在戰爭中，參戰國都受到日內瓦《國際人道法》所約束。它要求參戰國承諾不傷及平民，並且訂定針對保護兒童、婦女、傷患、戰俘、難民和戰地記者的特別條款。

公共緊急突發事件可以是任何狀況：內亂、人民起義、恐怖攻擊或是重大天災，這些都可能危及到國家安全。聯合國《公民權利與政治權利國際公約》第4條規定，宣布進入緊急狀態的國家必須向聯合國報備。《歐洲人權公約》（參見P.80）則對締約國提出額外要求，宣布進入緊急狀態的國家必須向歐洲委員會陳述理由。當國家以維護公共安全與秩序為由壓制示威活動，或者為了防止犯罪而威脅到其他人的健康和權利時，可以用公民權（參見P.72）來限制國家的作為。

把手拿開！
什麼是人權
的絕對條款？

縱使戰爭開打、實施戒嚴，依然沒有一個國家可以任意奪走、奴役和傷害一個人的生命，剝奪他公平審判的機會，或者限制他享有思想、良知和信仰自由的權利。

這些人權是「絕對條款」＊。即使一個國家可以藉由酷刑阻止犯罪行為，依然絕對禁止。光是威脅這麼做，就已經違反了人權。幾年前，德國法院甚至因此懲處一名執法人員。他威脅綁匪若不說出藏匿受害者的位置，將受到極嚴重的痛苦。這名警官認為這是拯救被綁架兒童性命的最後機會。犯罪者終於鬆口，但是被綁架的男童還是死了。凶手被判無期徒刑，不過卻向歐洲人權法院投訴警方以酷刑威脅，損害他的人權。該名警官為自己辯護說，他是依據自己的良知行動。然而他光明磊落的意圖並未使他免於受罰，絕對條款下的人權分量遠遠比一個人的良知來得大。

並非出於良知的理由，而是近年來，即使人權受到絕對條款所保護，國家權力傷害人權的案件還是以倍數成長。尤其是人權母國——美國及其盟友。自從美國向恐怖主義宣戰之後，這些國家開始對恐怖分子嫌疑人施以酷刑，甚至驅逐出境（參見 P.99）。

＊ 譯注：原文在這裡用的是「not-standsfest」一詞，所強調的規範出自《歐洲人權公約》第3條：「禁止酷刑以及不人道或侮辱的待遇。」

我們如何成為強大的民主國家，或是民主政黨？

「沉默是公民的首要義務！」這是19世紀普魯士開明專制的解決方式。但是對民主和人權來說，公民的沉默卻是毒藥。而民主與人權都要靠人民自己動起來。

當公民得到愈多的自由，就愈能行使自己的權利、完成民主任務，民主制度也會運作得更好。國家應該為人民服務，但這並不意謂著人處於被動的位置。當我們為自己的共同體做得愈多，就愈能實踐我們的理念。衡量民主的指標在於，人如何自覺地對民主產生負責的感情，這也包括捍衛那些無法代表自己、屬於弱勢者的利益。所謂尊重人權，就是為他人著想。一個民主國家的強大，只有當它盡最大可能讓多數人獲得他們的權利，同時也履行他們的義務之際（參見P.132）。

民主國家靠著人民持續發展，也因新的見解和需求推動新的法律（例如父親也享有育嬰假）。同樣地，國家與人民也承擔一切因進步而來的機會與風險。因此，投入與參與才是公民首要的義務。就如愛蓮娜・羅斯福所說，我們的人權可以、並且應該從每個「小地方」開始，像是從鄰居、學校、職場，從自己所生活的地方開始（參見P.43）。沒有任何一個地方可以比民主國家給出更大的自由。

6

揪出邪惡與錯誤
Die Finger in
den Wunden

誰是國際
非政府組織？
我們為何
需要他們？

在聯合國裡也有許多國家踐踏人權，他們讓聯合國的工作異常艱困。因此獨立的人權觀察單位變得非常重要，國際非政府組織就是其中之一。

INGO是國際非政府組織（International Non-Governmental Organizations）的簡稱。

這些組織明確地指出世界上的壞事。他們試圖補救，給予受難者一個清晰的面貌。國際非政府組織致力於爭取與維護像你我一般，屬於人的尊嚴，其強項在於，站在第一線貼近人群。此外，他們不受政治力束縛，也因此這些組織的成員經常置身於危險之中，自己也成了受難者。他們的工作經常是保密的。而為了讓被掩蓋的不公不義得以公諸於世，他們會獲得額外的支援。國際非政府組織必須排除對政黨和其他政府的顧忌。不同於聯合國，其行動的第一準則不是出於外交手段，而是公正行事。他們不必像聯合國一樣，只是嘗試阻止一個國家從國際制裁中溜走。

國際非政府組織是強權國家的肉中刺。

國際非政府組織致力於保護個人、少數民族或其他族裔群體，尤其是當他們的生命受到威脅，甚或是受到其他不同層面不同方式的冤屈的時候。第一個非政府人權組織成立於1948年。聯合國估計，現今大約有超過25,000個這類組織在世界各地形成網絡，而聯合國往往是透過他們才知悉，哪些國家又對人民

做了什麼壞事。無論是一個政權拒絕對飢民提出幫
助、亞洲販賣兒童的問題、美國的失蹤人口、非洲國
家婦女遭到肢解、澳洲政府踐踏原住民權利，或是在
歐洲尋求庇護卻遭強制遣返仍在實行酷刑的國家，而
有關當局對此毫無責任心……任何地方只要國家沒有
遵守人權規範，國際人權組織往往是第一個揭發者，
確保世界各地知悉其惡行。

　　國際非政府組織令人不甚愉快，即使是民主國家
有時也會試圖把他們晾在一旁。另一方面，聯合國卻
常依賴國際非政府組織的經驗和知識。獨立於政府的
人權觀察員是廉潔的證人。他們的戰術範圍從揭發隱
藏起來的惡意到大聲疾呼的抗議；他們幫助陷入苦難
的人，隱匿保護受迫害者，拯救生命；他們幫助無法
自救的人，為那些因恐懼而噤聲的人發聲。你可以在
隨後幾頁的討論中進一步認識一些國際非政府組織。

國際非政府組織
沒有敵友之分，
他們的工作是基
於人道主義。

國際特赦組織
（Amnesty Interna-
tional, 簡稱AI）是
最大的獨立人權
組織。

國際特赦組織
如何對抗
酷刑、監禁和死刑？

它起緣於兩名大學生對自由的渴望。他們遭到囚禁，一位記者報導了他們的故事。在那之後，國際特赦組織成立，成為世界上最大的人權組織。

* 編註：國際特赦組織由英國律師彼得・本南森（Peter Benenson）所創辦。當時他讀到這則新聞後，便撰寫一篇名為「被遺忘的囚犯」的文章投書媒體，呼籲全球大眾聲援這兩名被囚學生。

1961年，一名英國記者報導在葡萄牙的獨裁政權下有兩名青年在監獄裡消失，只因為他們主張自己的言論自由權。數以千計的讀者決定加入行動*，同時也為其他被遺忘的囚犯努力，於是國際特赦組織誕生了。在很短的時間內，這個援助囚犯的組織便在許多國家展開行動。

如今，世界各地有數百萬計的人支持這個世上最成功的人權團體。伊索匹亞的老師因為加入工會而失蹤；泰國的律師因為幫助窮人而被關押在精神病院裡；伊朗的學生因公開贊成家鄉的婦女應獲得平等待遇而遭致逮捕，所有這些都是特赦組織的案例。國際特赦組織一旦知道何時何地，有人以非暴力的方式爭取自己的權利或者因為幫助他人而喪失自由，生命受到威脅，這組織就會發出警報。他們特別成功的是發出「緊急行動」。當一個人遭到酷刑、謀殺、甚至死亡威脅，或者陷於「被失蹤」的危機時，國際特赦組織就會呼籲全球各地啟動「緊急行動」。在現場和倫敦總部會查核這些案件，全球的成員一接獲緊急通知便迅速動員起來，滿坑滿谷的信件往往在幾小時之內

就會透過傳真、電子郵件、快遞塞爆國家領導人的書桌，抗議這些不法行為。超過125,000人在85個國家建立起這個緊急行動的網絡。

單在德國，隨時就有準備寫抗議信件的萬人大軍。

國際特赦組織的力量莫過於他們的成員數量*。國際特赦組織每年約啟動三、四百次的緊急行動，許多人因此重獲自由。報告指出，有三分之一的囚犯也因為緊急行動而獲得更人性化的監獄條件。

*編註：目前全世界已有超過700萬名會員與支持者。

這還不是全部。那些以民主自居的國家非常尊重國際特赦組織，這個援助囚犯的組織每年會針對各國如何對待囚犯以及人權捍衛者，提出一份總結報告。不僅那些恐怖統治的國家會出現在其中，拒絕被告獲得公正的審判或者其他極糟的人權狀況，也都會出現在那份報告裡。2007年的人權報告中，便指出德國支持美國在反恐戰爭中侵犯人權的行動。德國政客知悉美國情報機構非法逮捕與綁架犯罪嫌疑人並在監獄裡虐待他們，卻對此保持緘默、無所作為。此外，德國當局強制遣返難民回鄉，無視他們在當地將受到的身體及生命的傷害與威脅。而在德國監獄裡一名囚犯被燒死，至今仍無人知道原因。

國際特赦組織於1977年獲得諾貝爾和平獎。

誰在施壓以及收集證據？

人權觀察組織的觀察員施加壓力、絕不鬆懈！他們在全球超過70個國家設有監督者和揭發者。他們經常就迄今仍被隱匿的暴行向世人提出證據，揭發真相。

人權觀察的財務是由基金會和私人捐贈所支撐，徹底拒絕一切與政府相關的金錢贊助。

人權觀察（Human Rights Watch，簡稱HRW）這個非政府組織共有190位固定成員，多半是律師和記者，還有很多當地的協助者。當世界各地發生侵犯人權的行為時，他們會收集照片、目擊者證詞或訪談等各種證據於國際媒體上曝光，並且呈報給聯合國或國家政治人物。在國際特赦組織之外，這個美國最大、行動遍及全世界的人權組織，讓世人得知科索沃的種族屠殺。在南斯拉夫崩解後，爆發科索沃戰爭，持續十餘年；結束時，人權觀察挖掘出大屠殺的真相。前南斯拉夫問題國際刑事法庭（參見P.77）也是根據他們所提出的證據來起訴罪犯。人權觀察還促使國際委員會主席禁止使用童兵。人權觀察「聽到」非洲難民兒童的吶喊，他們在西班牙特內里費島（Insel Teneriffa）的避難所遭到看護員的虐待；經人權觀察舉發後，該國政府才著手處理。人權觀察還讓世人看到非洲獅子山戰爭暴行下的受難者，以及他們和眾多人權組織合作催生出反地雷的運動。1997年國際反地雷組織的倡議者和他們的成員榮獲諾貝爾和平獎。人權觀察同樣對譴責大型企業違反人權的情況不餘遺力。

逃難取代防衛：
德國難民組織「Pro Asyl」*
如何以及幫誰申請庇護？

德國《基本法》第16條規定：「政治受迫害者享有庇護權。」這是不可侵犯的基本人權。此處，「享有」一詞展現了Pro Asyl這個組織的工作內涵。

「享有庇護權」對每個政治受害者一直是困難的，富裕國家愈來愈防範陌生人。他們說：「船已經滿了！」除了政治受害者，有愈來愈多人為了逃離自己國內的苦難，而成為難民。政治迫害是因信念、性別、膚色或者宗教而起，這些難民卻不是為了這些原因，而是為了生存奮鬥。許多提供庇護的國家因此很快認定，這些懇求被接納的難民「只是」想要過上更好的生活，所以無權申請庇護。這些國家要求申請者提出更嚴格的證明文件，而難民時常因為不懂當地語言，也不理解有關當局的規定，往往很難提出相關文件，甚至根本拿不出來。

面對這些情況，Pro Asyl提供了援助，他們在申請庇護程序中陪伴難民，並且提供法律諮商。當國家無視難民在當地面臨生命威脅與身體傷害的危險，執意遣返難民時，Pro Asyl會插手干預。他們會通知媒體，籌畫街頭抗議行動，或者在必要時組織起教會庇護所。Pro Aysl企圖阻止的是，德國官方雖然承認難民的庇護權，轉移到地方上卻不予實踐的情況。

* 譯注：Pro Asyl直譯為「為庇護」之意，1986年在德國成立的一個獨立人權組織，旨在保護德國和歐洲難民的權利。最有名的主張是「留下來，要求居住權」，曾獲得多項和平獎。根據2014統計，現有18,000多名成員，除了公共關係和政治遊說之外，這個組織最有力的工作是在難民申請庇護程序中的陪伴。

因為教堂是受保護的空間，所以教會庇護是非常有效的手段。國家尊重教堂做為庇護所，不會使用暴力侵入。

既非私人也非國家：
聯合國兒童基金會
為兒童
做些什麼？

二次大戰後，聯合國兒童基金會以牛奶和魚肝油開始為歐洲飢童四處奔波。迄今為止，這個世界上最大的兒童基金會支援超過160個國家的兒童。

聯合國國際兒童緊急基金會（United Nations International Children's Emergency Fund）簡稱UNICEF。

聯合國兒童基金會三分之一的資金來源是依靠各方捐助和販售賀卡所得。

聯合國兒童基金會德國分部有8,000名志願者分屬130個單位，為貧困、被忽視的兒童以及難民兒童服務。

任何地方發生戰爭或者天災時，通常是第一個抵達的救援組織是聯合國兒童基金會（UNICEF）。站在他們身後的是聯合國，也就是眾多國家組成的一個共同團體，雖然不屬於國際非政府組織（參見P.96），工作性質卻相類似，並且沒有敵我之分。他們的工作仰賴許多非政府人員的人道工作者，以及全世界數百萬人的捐助。在緊急狀況下，聯合國兒童基金會利用這些捐款幫助許多兒童，更重要的是爭取兒童的權利。兒童是社會中最弱勢的成員，他們尤其容易受到貧困之苦和暴力威脅，因此聯合國兒童基金會關照兒童基本的生存權利，包括最重要的糧食、水、醫療照顧、教育和安全。他們協助挖掘水井、埋設水管，讓兒童接受疫苗注射，在窮困國家建立和擴展醫療服務。他們還設立學校，並且試圖緩解兒童因戰爭、暴力和虐待所引起的心理傷害。

做為聯合國旗下組織，兒童基金會的救濟常常及於那些被封鎖的邊界和緊閉的門扉之後。此外，聯合國兒童基金會每年會提出一份關於世界各地兒童狀況的報告。

每年德國地球社 (Terre des Hommes)＊
邀請兒童上街頭，一起擦鞋、洗車或者
清理垃圾。兒童必須親身感受，那些和
自己同年齡卻生活在他方的人每天是
怎樣過的。

人性化的標誌：在哪誘導兒童上街頭？

一億兩千萬名兒童因過於貧窮而無法正常上學。
據聯合國估計，約有三億三千萬名兒童無家可歸，
二億五千萬名兒童必須依靠沉重的工作才能養活
自己，還有將近200萬名兒童被迫從事性工作。
地球社幫助兒童脫離這些困境。這個組織在全球
25個國家共有超過500項計畫，提供兒童醫療
照顧、學校、住處和避難所。地球社保護陷在戰爭
中的兒童以及童兵；試圖讓青少年遠離街頭，幫助
他們學會抵抗虐待和剝削。對地球社而言，與此同
樣重要的任務是向世人揭露無數生活在苦難中的
兒童的慘況。其中一個重要的活動就是邀請兒童參
與每年11月20日的「流浪兒童日」。

　　地球社這個名字意思是「地球上的人類」，
1967年成立於德國，為幫助逃離越戰的兒童。在
這期間，地球社在歐洲贏得許多夥伴，在經濟上也
是。例如，他們成功的例子之一是讓旅遊業者承諾
只和那些簽下保護條款的旅館合作，為兒童撐起保
護傘。地球社也會公布，哪些產品是由童工所製
造，呼籲消費者抵制（參見P.83）。

1989年11月20日聯
合國通過一份關於
兒童權利的協議（編
按：即《兒童權利公
約》）。

＊ 譯註：1960年，瑞
士記者艾德蒙·凱
薩（Edmond Kaiser）
因法國阿爾及利亞戰爭
而成立這組織，救助戰
爭中受難的兒童，其後
成為幫助發展中國家
的兒童救濟工坊，現在
許多國家都有分會。地
球社這名字是受《小王
子》作者安東尼·德·聖
艾修伯里（Antoine de
Saint-Exupéry）所啟發。

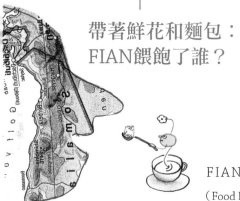

帶著鮮花和麵包：
FIAN餵飽了誰？

「糧食第一」是FIAN的口號。該組織致力於確保人人都能從勞動中得到溫飽，田裡的作物是為了日常所需的麵包，而不是為了賺取商業利益的咖啡。

FIAN為「糧食優先資訊及行動網絡」（Food First Information and Action Network）的簡稱。許多國家在日漸稀少的耕地種植出口導向的作物（如咖啡或茶），而非維持人民基本需求的糧食，這個組織對抗的正是這種現象。FIAN還致力於確保勞工不被基本工資所糊弄，或者被資方削減工作場所的安全防護措施。該組織在60個國家支援小農、無地農民、勞動者和婦女，這些人的生計經常因為國家或者企業財團奪走他們的土地而陷入困境。

FIAN在哥倫比亞、烏干達、尚比亞和坦尚尼亞展開一項「為賣花女」的運動。這些國家為大量出口花卉使用有毒農藥，而種植花卉的女性勞動者卻得不到任何防護措施，領著無法養家餬口的薪資。透過這個「為賣花女」的運動，FIAN成功與經銷商達成協議，承諾只購買「乾淨的」花卉（參見P.136）。

FIAN也在印尼和迦納嘗試向當地稻農解釋，當大型糧食企業壓低採購價格、消費者得到更便宜的產品時，也就意謂著他們從莊稼得到的錢就更少，以致辛勤工作卻幾乎無法賴以為生。

誰可以拯救熱帶雨林的住民和海上少數民族？

我們對能源的需求讓全人類陷入危機。例如，在印尼有300個部落受到棕櫚樹種植園的威脅，而大量砍伐位於南美洲的熱帶雨林，幾乎將居住其中的人群聚落也連根拔起。有個國際非政府組織非常關注這些問題。

我們通常是透過「受脅人民協會」（Gesellschaft für bedrohte Völker，簡稱 GfbV），才認識印度的阿迪瓦西族（Adivasi）、斯堪地那維亞的薩米人（Sami）、紐西蘭的毛利人（Maori）或泰國的海上遊牧民族莫肯人（Moken）等族群，以及他們受到當地政府或大企業的威脅。該人權組織估計全世界有近5,000個這類尚存的土著社會，共三億七千萬原住民。將他們驅離或剝奪所有財產，這些族群百年來所累積的文化與知識也會同時消失。這個援助受威脅族群的組織提醒世人，即使如此小的族群也應該享有生命權，以及生活的權利。

原住民是在一個國家內世代定居的族群，但是卻不再能隨意自由支配祖先的土地。

　　舉例來說，印尼為了大量種植棕櫚樹而砍伐2,000萬公頃雨林。棕櫚油出現在世界市場上，是我們追求能源熱潮之下的另類選擇（編按：做為生質燃料），但上百個巴布亞族群（Papua）卻因此失去土地，他們的社會文化也被破壞殆盡。2004年的南亞海嘯造成泰國沿海的數以千計的人死亡或失蹤，全世界湧入大量的捐款協助災區重建，但是5,000名在海上生活的少數民族卻被忽略。這個協會幫助這些從事漁業的游牧民族，使他們的文化不致消亡。

發聲對抗沉默：誰是無國界記者？

不法之國樂於隱藏自己的所作所為，不擇手段讓新聞工作者消失或謀殺他們。無國界記者挺身對抗這種情況，以及拯救生命。

無國界記者組織（Reporters sans frontières，簡稱RSF）致力於為受到監禁、酷刑，甚至面臨謀殺威脅的新聞同業奔走，他們也對受害者家屬伸出援手。這個組織成立於1985年，總部設於法國巴黎。德國的新聞工作者也在1994年加入這個組織，起因是慕尼黑一名記者於南斯拉夫內戰期間遭狙擊手暗殺身亡。無國界記者每年提出一份列表，列出傷害新聞自由最大的敵人，並且評估對新聞記者最具生命威脅的地區。這個組織直接點名哪些人必須為這類犯罪負責，多國總統、總理、軍事強人、毒梟都出現在名單上。

類似於無國界記者的國際非政府組織，還有利用職業所組成的無國界醫生、無國界律師。

當政府試圖阻撓記者的工作或加以設限，無國界記者並不因此噤聲。例如，在伊拉克戰爭（編按：2003-2011）期間，記者一直受到阻撓；駐伊美軍決定誰可以、在哪裡報導什麼，哪位記者不遵守規定就會被驅離現場。同樣地，在中國舉辦奧運期間（編按：2008），無國界記者也很忙碌，由於世界樂於了解主辦國此前的狀況，許多具批判性的記者因而被阻撓或遭到拘留。

德國在抵制排外上做得足夠嗎？是否真的為每個兒童提供同等的受教機會？政府在聯合國或歐盟有確實發揮影響力，以保障其他地區的人權嗎？

誰先一步建立人權論壇？

德國聯邦政府和聯邦議會定期面對這些人權論壇所提出的問題。這個論壇共有48個德國非政府組織，從國際特赦組織到地球社、德國天主教會旗下最大的公益組織Misereor到受脅人民協會、兒童緊急救援組織Kindernothilfe到德國難民組織Pro Asysel，都參與其中。首先他們各自分享經驗，然後尋求在工作上相互配合與支援的方法，同時指出世界各地違反人權的案例之間的關聯。特別是監督聯邦政府和聯邦議會是否對人權給予足夠的保障。舉例來說，聯邦政府不得不面對這樣的指控：出身貧困的德國兒童和外籍兒童在學校處於劣勢。另外，在德國申請庇護的難民往往會被刁難，若非快速遭致遣返，就是根本漠視他們的權益。該論壇對日漸嚴重的仇外行動以及新興的種族主義提出警告。在這裡有不同的工作小組分析和觀察各種政治經濟的決策，並且試圖在德國的人權政策上發揮影響力。這個論壇是德國各種非政府組織的一個整體網絡。

誰為人權
冒著生命危險？

世界上有許多人冒著生命危險捍衛人權，因為他們對人權的迫害無法漠視與沉默，有些人成為典範，而有些人的事蹟我們無法得知。

種族隔離是種族分離另一種說法。

無數的人默默地為人權奮鬥，有些人對世上不公不義大聲吶喊，卻帶給自己和家人極大的危險。無論是默默行動還是大聲吶喊，他們都是英雄。我們會在這裡介紹一些為人權奮鬥的典範人物。這一章介紹三位男性，下一章有三位女性。

非暴力抵抗運動的代表人物是印度的甘地（Mahatma Gandhi, 1869-1948）。他在南非第一次親身體驗到，什麼叫做歧視。在當時種族隔離政策下的南非，黑人和其他膚色的人種不得與白種人搭乘同一節火車車廂或是同坐在公園的一張長椅，身為印度人的甘地也被排除在外，甚至非白種人的孩子不得上學。非白人的族群沒有權利，因此受到剝削、歧視與傷害。甘地透過罷工和非暴力抵抗運動，帶領他的同胞挺身抗議。他回到印度之後，開始呼籲他的人民抵抗英國殖民政府的不公不義，最後英國放棄殖民統治，印度獨立。而後，甘地對抗不人道的種姓制度，這是他的印度教兄弟們所信仰的。他為種姓制度下的賤民努力，四方奔走。而當他試圖讓印度教教徒與穆斯林和解時，遭到一名印度教狂熱分子所刺殺。

甘地成為美國民權領袖馬丁·路德·金恩（Martin Luther King, 1929-1968）的典範。這位黑人牧師在自己

的國家站在對抗種族歧視的最前哨，以致遭到威脅、跟監與逮捕。1963年，他號召25萬人前往華盛頓白宮，引起當時的美國總統約翰·甘迺迪（John F. Kennedy）對黑人事務的關注。在這場遊行中，他發表了一場世界有名的演講：「我有一個夢：有一天，昔日的奴隸之子和過去的奴隸主之子可以友愛地同坐一桌。」五年後，馬丁·路德·金恩被一名白人射殺身亡。

納爾遜·曼德拉（Nelson Mandela, 1918-2013）終結了南非的種族隔離政策。他呼籲黑人以非暴力抵抗南非的種族歧視，為此他被關入監獄長達27年。每年他的妻兒只能和他會面兩次，每次半小時。然後，世人開始要求釋放曼德拉，直到1990年這位世上最有名的囚犯才終於被無條件釋放，三年後他被選為南非總統。身為總統，曼德拉又建立了一個標竿：他成立一個真相調查委員會，讓加害者與受害者共聚一桌，讓雙方得以進行和解。

1964年，金恩博士因為對人權的貢獻獲頒諾貝爾和平獎，而曼德拉在1993年與當時共同推動廢止種族隔離制度的南非白人總統弗雷德里克·威廉·戴克拉克（Frederik Willem de Klerk）共同獲得此項榮譽。

從左到右：曼德拉、甘地、金恩博士。

誰害怕這些婦女的勇氣？

緬甸軍政府掌權時，把緬甸的寫法（德文Birma, 英文Burma）更改為Myanmar。

＊譯註：翁山蘇姬在2010年緬甸大選後獲釋，2013年當選全國民主聯盟主席，2016年同時接任緬甸外交部、總統府事務部部長，隨後成為新設置的國家顧問，被公認是凌駕於總統之上的實際領導人。而她獲釋後之後的掌權期間，對於緬甸境內少數族裔，特別是羅興亞人（Rohingya）受政治迫害的處理，引起極大的批評聲浪。2016年根據人權觀察組織的衛星照片顯示，羅興亞人居住的村落遭到血腥鎮壓，而翁山蘇姬領導的緬甸政府對迫害羅興亞人的指控一律否認，並且嚴禁媒體進入現場採訪。

儘管面臨拷打、監禁和死亡威脅，緬甸的翁山蘇姬、伊朗的希林‧伊巴迪以及瓜地馬拉的里戈韋塔‧門楚，這三位女性依然以她們的言詞做為武器對抗人權迫害者。

第一位是如此脆弱又如此堅韌：她不讓自己被恐懼擊倒，尤其是面對來自軍政府的酷刑。另一位無懼於伊朗宗教領袖。第三位讓世人正視瓜地馬拉原住民所遭受的極度不公的處境。**翁山蘇姬**（Aung San Suu Kyi, 1945-）＊曾多次被緬甸軍人以死威脅，並遭致長達18年在自家寓所的軟禁。

她努力不懈地譴責執政的緬甸軍政府。

1990年，她領導的全國民主聯盟贏得大選，並且獲得超過八成的國會席次，但是她卻無法執政。取而代之的是她的上千名追隨者遭到監禁、刑求，甚至折磨致死。她的父親翁山將軍將緬甸從英國殖民政府手中解放出來，隨後卻被暗殺身亡。她本人曾在紐約聯合國總部工作，後來隨著丈夫和兩個孩子定居英國。1988年翁山蘇姬回到家鄉，成為反對黨的領袖。1989年她第一次被捕，從此被軟禁於寓所。但是監禁不能使她噤聲。她繼續敲著響鐘，昭告世人：她家鄉的人民正處於飢餓，有十分之一的兒童死亡，農民在自己的土地上被帶走，人們遭到酷刑虐待、殺害或

者消失得無影無蹤。

希林‧伊巴迪（Shirin Ebadi,1947- ）是一位律師，她為伊朗的婦女與兒童權益以及受迫害家庭奮鬥，因而遭受監視。這位伊朗女性在1975年成為德黑蘭第一位女法官。四年之後伊朗激進的宗教領袖掌權，拔掉她的職位。儘管歷經多次扣押與持續不斷的威脅，伊巴迪還是成立了伊朗第一個保護兒童的組織，幫助那些基本教義派下的受難者。

里戈韋塔‧門楚（Rigoberta Menchú,1959- ）的整個生命就是一個反抗瓜地馬拉迫害人權的象徵。透過她的書，世人才知道瓜地馬拉政府和中美洲的大地主如何踐踏原住民的權利，巧取豪奪他們的土地。門楚出生於一個貧窮的小村落，可以說她是在反抗中成長。她的父親死於1980年西班牙大使館的一場大火，當時他和其他38名男性在那裡抗議西班牙政府對原住民的壓迫。她的哥哥親眼目睹士兵燒死自己的家人。門楚在這段期間逃往墨西哥。

翁山蘇姬於1991年獲得到諾貝爾和平獎。由於當時她仍被軟禁，所以未能親自到挪威的奧斯陸領獎，改由她的兒子代領。

基本教義派濫用信仰以獲得權力。誰要是反對他們，就會被追殺。

里戈韋塔‧門楚於1992年獲得諾貝爾和平獎。到當年為止，她是這個獎最年輕的得主。

三位勇敢的女性。從左至右：里戈韋塔‧門楚、翁山蘇姬、希林‧伊巴迪。

7

人的承擔
**Die Bürde des
Menschen**

人權宣言60年：
我們如何
了解世界？

聯合國、國際特赦組和其他團體每年公布世界人權狀態，每回都呈現出一幅慘淡的景象。即使如此，聯合國人權宣言還是產生了它的效應。

60多年前如果沒有聯合國人權宣言的出現，世人將不會意識到人權的境況有多糟；而當國家試圖粉飾自己何時以及如何傷害人類的尊嚴時，也不會有人伸出援手。《世界人權宣言》使我們對不公不義的眼光更加敏銳。沒有這份宣言，也就不會有聯合國人權觀察員、人權事務高級專員、國際刑事法庭。沒有人會訊問犯罪者，更不用說追究相關責任。無論如何，沒了這份宣言，國際無政府組織繁瑣的工作將會更困難。對酷刑和奴役的全球禁令、為婦女爭取平權、廢除死刑、向歐洲人權法院申訴，這所有一切都源自於這份宣言。

　　和兩千年前所謂「發現」人類與生俱來的權利相比，過去60多年來，人權還是有很多新的發展。在此做一個簡短的回顧：不到一百年前，來自其他陌生大陸的人在歐洲就猶如關在動物園裡的動物，被以「人種展示」的方式展出。50多年前，已婚婦女還不能自己單獨在工作合約上簽名，必須由她的丈夫代為簽署。體罰在我們的父母那一代還是被允許的懲罰。但是最大的進步是在人的腦袋裡，我們對於權利的認知已經植根於其中。

當然更重要的是聯合國和各種獨立組織每年關於人權狀況的總報告。

　　在每個數字的背後，是一張張受苦難折磨的臉龐。

　　這些遠在他方的不公不義，透過人權報告向我們逼近，要求我們進一步思考，我們的行為和我們的國家是否影響到其他地方的人的生活與福祉，又是如何產生影響的？每天有10萬人死於飢餓，120億的人喝著被污染的水，有220萬人因此死於衛生條件不足，而這些死亡人數有九成是5歲以下的兒童。每年有200萬的人被販賣為奴隸。10億的人不會寫也不能讀，其中有400萬的德國人。下面幾章，將會介紹幾個踐踏人權的例子。

全世界最貧窮國家之一──位於非洲東南部內陸的馬拉威的童工。那裡的兒童幾乎都是孤兒，父母大多死於愛滋病。

為金錢與權力的鬥爭：人在哪裡開戰？

海德堡國際衝突研究中心(das Heidelberger Institut für Internationale Konfliktforschung)這類單位每年整理各地戰爭資料，研究戰爭爆發的原因。

國家只有在被別的國家攻擊時，才允許開戰，這是寫入做為聯合國創始條約憲章裡的規定。即使如此，還是有很多國家出於不同的理由使用暴力。

根據戰爭與和平研究單位的統計，在每年超過上百件暴力衝突的案例中，絕大部分並不是國家與國家的對抗。參與內戰和武裝衝突的通常不是正規軍，而是強大的傭傭兵或者是對權力飢渴的組織在對抗人民或部分人民。這類暴力衝突的受難者中，有三分之二是一般百姓，絕大部分是婦女和兒童。而軍人、警察或者其他戰士也經常支持這些叛亂分子和暴力犯罪者。另一方面，武器商和軍事工業則利用這些戰爭賺大錢，德國的軍事工業也在其中。目前最大的衝突地區在非洲。位於蘇丹西部的達佛（Darfur）地區，單從2003到2006年就屠殺了20萬反叛軍，造成250萬人流離失所，難民、交戰部落或派系的成員甚至被追殺至鄰國。以武器說話，至今仍在衣索比亞、蒲隆地、象牙海岸、厄利垂亞、剛果、塞內加爾和索馬利亞等國持續上演。

中南美洲的準軍事組織、媲美軍隊的武裝團體和犯罪分子恐嚇著一般大眾。阿富汗、伊拉克的伊斯蘭基本教義派人士掀起恐怖攻擊和戰爭。信仰之戰在斯里蘭卡和泰國南部一樣肆虐。土耳其軍隊和庫德族之間充滿了火藥衝突。以色列和巴勒斯坦近東地區為了爭奪國土交戰連年。

每個人都有生命權。儘管如此，還是有許多國家判處和執行死刑。根據國際特赦組織資料，2007年全世界有64個國家還有死刑，29個國家宣判了死刑，但是並沒有執行。

生命權！在哪些國家還有死刑？

根據國際特赦組織的估計，在牢房裡等待執行死刑的囚犯人數至少有2萬人。2006年，在25個國家共有1,591名死刑犯，宣判後也完成行刑。這些囚犯分別被以斬首、砸刑、絞刑、施以毒氣、注射毒藥或者電椅的方式處決。光是中國就有1,010個已知案件，國際特赦組織擔心尚有7,000名死刑犯等待處決。中國對死刑問題保持沉默，列為國家機密。而美國50個州有12州已經廢除死刑*。自1973年起，在美國計有1,099名死刑犯以電椅或注射的方式執行。單就2006年的死刑判決，美國有53人、伊朗177人、巴基斯坦82人，伊拉克和蘇丹分別是65人。

　　判決死刑，不僅是因為罪刑重大（如謀殺），也有出於其他的犯罪行為。例如，新加坡對毒販判處死刑，沙烏地阿拉伯對同性戀、阿拉伯聯合酋長國對環境罪犯都是處以唯一死刑。有些國家如巴基斯坦和伊朗甚至不顧聯合國的明文禁止，對18歲以下的未成年人也處以死刑。德國在1949年的基本法中取消死刑，歐洲因為歐盟規定的關係禁止死刑，但除了白俄羅斯，該地區都不再有死刑。

生命就是人權，而死亡是絕對的終局，尚且法官會犯錯，所以聯合國在世界各地推動禁止死刑。

自1973年起在美國有124件死刑判決，事後證明死囚無罪。

* 譯註：此處資料截至2006年。根據國際特赦組織最新資料，美國現有18個州和哥倫比亞特區已廢除死刑，全球計有140個國家廢除或實務上停止執行死刑；2015年死刑報告指出，全球前五大死刑執行國依序為中國、伊朗、巴基斯坦、沙烏地阿拉伯和美國。關於台灣廢除死刑的相關討論，請參見台灣推動廢除死刑聯盟：http://www.taedp.org.tw或國際特赦組織台灣分會https://www.amnesty.tw。

什麼是酷刑折磨？
如何操控你的囚犯

鞭打、電擊、水刑、強暴以及暴力威脅都是酷刑。人權的絕對條款是以完好的生命為基礎，所以酷刑是絕對禁止。

這意謂著，當一個國家處於緊急狀態中也不可以動用酷刑，這是聯合國的決議。因為酷刑是凌辱一個人，讓他處在對酷刑的恐懼之下、傷害其尊嚴。聯合國定義何謂酷刑：為了取得特定的口供，一個人受國家委託對另一個人施以各種肉體與精神的暴力手段，羞辱或懲罰他（編按：《聯合國禁止酷刑公約》第一條）。酷刑讓我們聯想到獨裁或是不法之國，但是就連民主國家也逐漸違反聯合國的這項禁令。

根據國際特赦組織報告，那些離民主遙遠的國家，如阿爾及利亞、埃及、伊朗、伊拉克、約旦、科威特、沙烏地阿拉伯、敘利亞、突尼西亞和葉門都屬於酷刑國家。但是在過去幾年，也有不少政治上不受歡迎的人在民主國家遭到酷刑折磨和虐待，特別是美國。自從美國將911恐怖攻擊解釋為「戰爭」之後，有許多人在美軍士兵羈押處或美國情報機構被嚴刑拷打，最嚴重的例子就是美軍在古巴關塔那摩灣拘押中心的虐囚案（參見P.74）。從伊拉克也流出美軍在阿布格萊布監獄*的虐囚照。德國對盟友的綁架、嚴刑逼供行徑保持沉默，因此虐囚照片流出後，不得不面對知情不報的指控。

*譯註：阿布格萊布監獄是巴格達中央監獄的前身，位於伊拉克巴格達以西32公里的阿布格萊布城。在伊拉克前總統海珊執政時，是惡名昭彰的刑訊之地。美軍占領伊拉克期間，在這監獄中並未停止虐待折磨，甚至強暴囚犯。

歧視和種族仇恨不只是存在於國家對少數族群、不同信仰者或陌生人之間系統性地歧視，也來自一般人在日常生活中複製這些歧視和仇恨。

歧視和種族仇恨：「他者」在哪裡陷於危險？

在德國，幾乎沒有一天新聞報導裡沒有關於仇視猶太人、穆斯林或者對外國人襲擊、暴力或辱罵的攻擊事件*。在「啟蒙的」歐洲，還是有政治人物以種族主義的標語口號貶低他人，在爭取選票上毫無正義的自覺，讓選民恐懼陌生人。

　　光是 2006 年，德國警方手上就有 12,000 件種族歧視和仇外的犯罪案件，其中有反少數族裔，對陌生人追趕、亂棍攻擊，甚至殺害。很多時候當事人並未報案，以致在何時何地、在什麼情況下發生多少次這類攻擊事件，沒有人知道這種情況有多嚴重。只因為看起來像是陌生人，或者被認出是猶太人或穆斯林就遭到詆毀、辱罵、漠視或歧視。在義大利、比利時和法國對陌生人的敵視和種族仇恨也不斷增加。在東歐，羅姆人和辛提人（〔Roma uns Sinti〕譯註：俗稱吉普賽人）受到威脅和鄙視，他們的孩子常常遭致妨礙而無法上學。在波羅的海國家，行政當局直接剝奪有俄羅斯血統的人的工作權。

　　拾起棍棒攻擊外國人並不是種族主義者的第一步，而是從自覺高人一等，發表反對他人或者嘲笑別人獨特之處的仇恨言論開始。

*編註：據德國內政部統計，2015 年共發生 918 起攻擊外國人事件。

所謂歧視，是不平等地對待或貶低他人。

一個人值多少錢？
誰是「現代」奴隸？

兩百年前取消了奴隸買賣，聯合國也禁止人口販賣。但是除了武器和毒品，時至今日沒有比販賣人口更輕鬆賺大錢的生意。

在非洲用30歐元就可以買到一個孩童，而每年有20萬名兒童被賣給當地的種植園主或者私人莊園。聯合國國際勞工組織確信，史上從來沒有像現在這麼多的奴隸。全世界估計有2,700萬人過著隸屬於他人、不自由的奴隸生活，其中超過半數是兒童和低於18歲的青少年，而那些抵押賣身的人數還沒有計算進去。在亞洲很多國家，像是印度的礦場、農地、絲織廠、地毯工廠都需要大量的勞動力。這些勞工可能因為生病或其他緊急狀況必須以工作償還借貸。而許多這種以工代價的賣身勞工或者女傭最後往往淪為終身奴隸。

根據國際勞工組織估計，人口販子每年販運將近240萬人口，賺進400億歐元，其中利潤最高的是販賣婦女。特別是在東歐、亞洲、非洲或拉丁美洲國家以提供海外工作機會為誘餌，吸引婦女上鉤，常常卻在西歐、北美和亞洲將她們賣為娼妓。在德國大約有20萬人活得像奴隸，這些人遭受雇主剝削，但因為**非法居留**害怕被遣返而無力捍衛自己的權利。

非法居留是指未持有所在國家的有效居留證。由於害怕移民署，這些非法居留者不讓他們的孩子上學。有些學校違反舉報的義務，以便讓這些孩童至少可以學習一些東西。

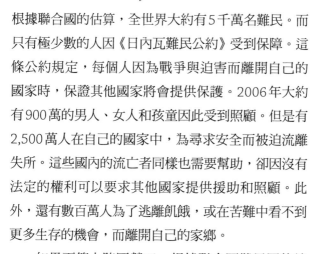

聯合國對難民的定義是指，逃離戰爭或出於對迫害的恐懼而離開自己國家的人，但是也有愈來愈多的人因為饑荒或危難而流亡國內。

在途中與急難中：誰擋了難民的門？

根據聯合國的估算，全世界大約有 5 千萬名難民。而只有極少數的人因《日內瓦難民公約》受到保障。這條公約規定，每個人因為戰爭與迫害而離開自己的國家時，保證其他國家將會提供保護。2006 年大約有 900 萬的男人、女人和孩童因此受到照顧。但是有 2,500 萬人在自己的國家中，為尋求安全而被迫流離失所。這些國內的流亡者同樣也需要幫助，卻因沒有法定的權利可以要求其他國家提供援助和照顧。此外，還有數百萬人為了逃離飢餓，或在苦難中看不到更多生存的機會，而離開自己的家鄉。

聯合國在1951年的《日內瓦難民公約》中承諾對那些因戰爭與驅逐被迫流亡的難民提供保護和救助。

如果再算上跨國勞工，根據聯合國難民署的統計，有一億七千五百萬人因貧困流落異國他鄉，他們也都需要幫助，因此聯合國難民署敦促重新定義所謂的「難民」。那些富裕國家，包括德國在內經常拒絕接受難民，遭聯合國組織指控自私無情。而許多亞洲與非洲國家＊儘管經濟條件遠比工業國家差，卻願意接納更多的人。

跨國勞工是因現實所迫為求生計在不同國家中移動的勞動者。

＊ 編註：收容難民的亞洲國家如土耳其、巴基斯坦；非洲國家如肯亞、查德、烏干達。

在戰爭中努力工作！
誰在奴役兒童？

他們鑿石頭、織地毯、縫襯衫、種植經濟作物、搜尋地雷，還要拿起武器上戰場。500萬名兒童被當作勞工和士兵遭受剝削與虐待。

在許多國家，有些家庭必須仰賴兒童參與賺錢，這在歐洲也很常見。而剝削和虐待兒童，是從損及他們的健康與發展的勞動開始，也就是從拿走了他們本該用來學習與玩耍的時間開始；施暴者與剝削者對這些青少年所造成的身體與心靈的傷口永遠不會癒合。一個人殺過人或者曾經陷入被殺害的危機中，將永世不忘，就如兩億五千萬名兒童曾被當作士兵送上戰場殺人的經驗。這些孩子在他們生命之初就經歷這些創傷，將格外受其影響並銘刻在腦海裡。雖然聯合國絕對禁止童兵，但是在哥倫比亞、緬甸、菲律賓和印度尼西亞的反叛軍和正規軍都驅使少男少女帶著武器上戰場。

這些童兵也經常在自己所屬的部隊中遭受性侵害。

此外，根據聯合國的統計數字顯示，兒童做為勞工被剝削的情形也非常嚴重。這些童工有一半以上未滿15歲，而最年輕的只有5歲。通常他們必須每天在咖啡農場、茶園或其他種植園從天亮工作到深夜，暴露在農藥和烈日之下。對童工來說，同樣危險卻更繁重的工作是在礦坑、採石場或是建築工地。而在南歐與東歐，也有許多兒童必須在成衣廠、鞋廠等低薪工廠裡做苦工。

讓我們學習！
誰不能讀和寫？

當你不能讀和寫,你得多麼地依賴人啊！差不多有10億人就是如此。這些人不僅被剝奪受教權,同時也喪失了獨立生活的權利。

大約有三分之二的文盲生活在發展中國家,但是在德國也有400萬名成人不能讀和寫。出於羞恥感他們多半都隱藏得很好,在日常生活中幾乎沒人發現他們的祕密。他們雖然有上學,但是卻透過種種方式作弊通過測驗。沒有人給予足夠的關注去發覺這樣的事。

德國每年還有大約8萬名青少年輟學,沒能取得畢業證書。更因為弱勢家庭和具有移民背景的兒童缺乏受教育的機會,而讓德國屢次遭受國際社會指謫(參見P.75)。儘管國家提供義務教育,但在第三世界仍約有一億兩千萬名兒童完全無法進入任何學校機構學習。根據聯合國的報告,其中有三分之二是女童。這些孩子因為家裡太窮必須工作,所以不能也不被允許上學,甚至家長認為孩子沒必要上學,尤其是女孩。而這些失學女童有五分之一在發展國家,即使去了學校也必須提前中斷。沒有錢就沒有教育,沒有教育就沒有合適的工作,沒有工作當然也就沒有錢。誰拒絕提供兒童教育,就是造成貧窮惡性循環的幫凶。

世界如何侵害
婦女的尊嚴？

和男性相比,女性不僅在體力上處於劣勢,也得到較少的權利、教育機會和薪資,甚至經常缺少或者根本沒有免於歧視與暴力的保護手段;她們是處於弱勢的性別。

暴力、禁制、強迫婚,不僅僅只是這些行為踐踏了婦女的尊嚴,而是對攻擊和性暴力的恐懼。這種恐懼是世界各地女性日常生活的一部分,以下數字可以說明情況:在所謂進步國家中,像是德國或美國,16歲到85歲的女性每三人就有一人曾受到暴力傷害,而其中四分之一的人是遭到伴侶傷害。保障婦女免受伴侶的傷害幾乎是行不通的,因為大多數國家認為伴侶之間的關係屬於私人事務。儘管幾乎所有國家都已明文禁止殘害女性生殖器的割禮,仍有一億三千萬名女童甚至在嬰兒時期就被割除了陰蒂。而全世界20到24歲的女性中,有三分之一在兒童期就已經結婚。每分鐘就有一名婦女因為懷孕或者缺乏生產照護而死亡。每年有90萬件這類懷孕分娩死亡的案例,其中有十分之九的受難者生活在亞洲或非洲。在南亞或東南亞國家,經常得知胎兒為女性後選擇人工流產,甚至忽視女嬰導致營養不良,這些都只是因為兒子遠比女兒受歡迎。歧視更進一步的表現就是不准女童上學,之後,就是男女同工不同酬,薪水永遠比男性同事來得少,這種情況在德國也一樣。而關於販賣婦女和強迫賣淫,已經在前面討論過了(參見 P.120)。

誰禁錮了真相，
甚至煙滅它？

誰阻撓新聞記者,對真相加工炮製,就是侵犯資訊自由權。透過網路,資訊自由是無限的,因此資訊自由的敵人現在也開始盯上部落格。

過去幾年,在德國的新聞記者也蒙上了一層陰影,他們的電話被監聽,新聞自由遭到打擊。報紙、廣播和電視的任務在於揭露弊政、監督權力者,以及告知公眾真相。為此,新聞記者必須掌握第一手消息。當他的電話被竊聽、電子郵件被監控,將會嚇阻資訊流通,阻斷重要的訊息來源。

　　獨裁者不僅威脅新聞記者,還以人身安全恐嚇部落客。他們在網路「釣魚」、阻撓、恐嚇,甚至關閉網站。中國在2007年就至少將50名國際新聞記者和部落客關進監牢,在越南、敘利亞、突尼西亞、利比亞和伊朗,單單2006年就有60人遭到拘留。而緬甸軍政權乾脆關閉網路。在那裡新聞記者和反對人士透過網路得知獨裁將軍重挫抗議者,他是如何毆打、掃蕩清除反對者。無國界記者組織2006年在關於世界不義「測量表」(參見 P.106)的年度報告指出,全世界有200名媒體工作者遭到拘禁,81人被殺害*,其中64人死於伊拉克。在中東和北非地區採訪的新聞記者常遭綁架;在非民主國家,政府打壓、審查每日的新聞報導。

無國界記者在2006年公布新聞自由最大敵人的名單*,阿富汗、孟加拉、伊拉克、巴基斯坦自治區名列前茅。

媒體審查制是指國家檢查新聞報導,並將其修改成符合自己所要求的面貌。

＊編註:2016年全世界有74名記者遇害,其中有19人死於敘利亞、10人死於阿富汗。

＊編註:2016年新聞自由敬陪末座的5個國家分別是:厄利垂亞、北韓、土庫曼、敘利亞與中國。

安全或是自由？
我們的權利
製造了什麼樣的恐懼？

恐懼是糟糕的顧問。當我們談到有關恐怖主義和人權的話題時，總會碰到恐懼。自從2001年9月11日在美國，以及之後在馬德里和倫敦連續發生恐怖攻擊，有愈來愈多的國家開始對自由設限。

有很多對自由的設限以安全之名觸犯法治國的本質和自由的律令，那種盲目的狂熱在面對生命權和酷刑禁令也不會止步。一些例子顯示，藉所謂安全之名什麼都會發生。2005年，倫敦警方一槍射穿一名青年的頭部。狙擊手在視線內瞄準一張外國臉孔，這名出生巴西的青年正好住在被警方懷疑為**伊斯蘭主義**炸彈客的同一棟屋子裡。在那段期間，美國逮捕了1,200名美國公民，只因為他們出身於伊斯蘭國家。在「反恐戰爭」中，美國推翻了禁用酷刑的絕對條款，以暴力逼供。而瑞典公民只要是出生於索馬利亞的穆斯林，銀行帳號就會被封鎖。澳大利亞將來自阿富汗尋求庇護的難民關進監牢，只因為他們的家鄉是恐怖分子的控制中心。俄羅斯以對抗恐怖分子為由，軍事入侵信仰伊斯蘭教的鄰國車臣，中國更是直接將身為穆斯林的人權鬥士逮捕入獄。這些和其他違反人權的事例都被**德國人權研究中心**記錄下來。

但如何還能使人民在自己的國家裡感到安全？只因為這些人來自其他國家，認識了「不該認識」的人，甚或只是「可疑的」外國人的鄰居，就必須擔憂

伊斯蘭主義者是為自己的目的濫用伊斯蘭信仰。他們使用暴力，並且宣稱他們的信仰就是如此。

德國人權研究中心是由德國聯邦議院所倡議建立。他們闡釋人權，研究人權的發展。

警方的威脅，甚至是「預防性」射殺？難道他們就必須接受國家因為他們看起來「不一樣」、信仰不同，存在安全隱患的解釋？這樣的做法只會助長恐懼。

國家自己激起了人民對國家，以及人民之間的不信任。

一旦歐盟考量因猶太人與猶太會堂的攻擊事件層出不窮，而加強對外國人的監控，就會讓每個陌生人都被解釋為具有潛在危險。但這麼做的結果往往只會增強對外國人的敵視，讓那些毫無責任感的政客蠢蠢欲動，準備進一步煽動仇恨。

從擔憂恐怖攻擊開始，而後該擔憂國家情報單位會監聽你的電話；當你在網路上搜尋「錯誤的」關鍵字如恐怖主義，則會惹上嫌疑。隨著通訊和資訊自由的死亡，接下來就輪到接受教育的權利以及發表意見的權利。誰限制了這些自由權利，就是舉起斧頭砍向民主的基礎。

美國著名政治家班傑明・富蘭克林（Benjamin Franklin, 1706-1790）曾說：「任何犧牲基本自由以換取短暫安全的人，最後既得不到安全也得不到自由。」

而其中只要民主機制仍在運作，法院就可以隨時阻止或取消違侵犯人權的國家安全法。在德國就有一項立法計畫因而喊停，該計畫是允許軍方在面臨更大的災難威脅時，可以擊落遭恐怖分子挾持的飛機。德國聯邦憲法法院判決指出，國家無權以他人安全為由犧牲機上旅客的生命。在許多遵循法治原則的國家中，這種民主的自我控制運作得並不太好，更何況是那些不曾遵循或不再遵守法治原則的地方。

世界為一切而存在，
但是，誰擁有地球？

「當大英帝國需要半個地球支撐他們生活水準，那麼印度人需要多少個地球才能趕上英國人的生活水準？」這是聖雄甘地在四分之三世紀前的提問。

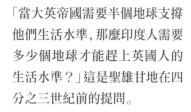

當時，這位印度自由鬥士（參見P.108）提出的問題涉及到英國殖民政權。今日這個問題則與北半球富裕的工業國家有關：當發展中國家的人還在為了填飽肚子求生存的時候，我們已經擁有了一切。儘管世界糧食報告，全球農業的生產量首次達到足以餵飽120億人口的程度。然而，地球僅有八分之一適合人居，其中有九成的人口居住在第三世界國家或新興經濟體。所謂新興經濟體，如此稱呼他們是因為這些國家都在努力發展經濟，想要迎頭趕上，但是即使這些國家在經濟上成功了：

在那裡的人民也永遠無法達到像我們這樣的生活。

只因為我們這些另外一成人口已然嚴重破壞了自然環境。地球資源相當有限，但消耗的速度非常的快，特別是被工業國家過度消耗。全球化的批評者和環境組織的報告都指出，每年能源消耗量有四分之三是工業國家造成的。我們釋放80%的有害物質到空中，污染空氣、使地球溫度上升，造成氣候變遷。誰也不想要這樣的惡果，但也沒人想要對此付出代價。

南部非洲和澳洲的一些地區已經極度缺水，貧瘠

的種植面積受到乾涸的水資源所威脅，而北半球的跨國企業盡情地利用礦產資源和南半球的原料，我們在消耗這些資源。貧窮國家的權力者和經濟菁英所掙得的利益，經常是透過一般民眾所喪失的土地而來（參見P.138）。索馬利亞、剛果或是賴比瑞亞的人對這般掠奪性的土地販賣毫無防備，也被徹底遺棄。在中國，抽乾河流、超抽地下水、瘋狂設立工廠造成的環境污染，並不是人們在意的議題。在印度，世界最大的飲料公司使用當地的地下水，甚至排放廢水污染水源。這些國家的政府經常加入濫用自身資源的行列，無法、也不願意阻止或妨礙來自工業國家的大型企業。這些高度發展的西方國家和北方工業所賺的每一歐元，最後都確保，甚至提高了我們的富裕繁榮。聯合國試圖達成一個全球性的經濟協議，希望藉此能讓貿易往來奠基在人道主義上。

一名辛巴威婦女在被乾旱摧毀的玉米田中找尋殘餘的玉米粒。

8

沒有任何權利
是不需要盡義務的

Keine Rechte ohne
Pflichten

人，你有責任！
這意謂著什麼？

你有權利上學，而你可以行使這項權利的前提是，你在學校裡得善盡學習的義務。世上沒有不附帶義務的權利。

這同樣適用於人權。因此國際行動理事會在1997年提出《人類責任宣言》。在這理事會裡聚集了各個前任政府領導人，企圖匯集並且傳遞他們的知識和經驗。這份《人類責任宣言》的提筆人，包括德國前總理施密特（Helmut Schmidt）、美國前總統卡特（Jimmy Carter）、被譽為尚比亞國父的卡翁達（Kenneth Kaunda）、前蘇聯總書記戈巴契夫（Michail Gorbatschow），還有澳洲前總理麥爾坎‧福瑞澤（Malcolm Fraser）和日本前首相宮澤喜一（Kiichi Miyazawa）。

《人類責任宣言》共有19條，當中條列了每個人應該如何實踐人權。不只是國家，而是每個人都應該負起相關的責任，才會獲得應得的權利。人只有在當他也尊重其他人的正當期望時，才能活得更加自由、安全無恙，也才得以發展自我。因此，每個人必須力行：自己所主張的權利，其他人也都擁有同樣的權利，無論對方是住在隔壁的鄰居，或是在世界另一端的某個人；每個人，不論性別、種族、社會地位、政治見解、語言、年齡、國籍或宗教，有義務以人道對待所有的人。這是《人類責任宣言》第一條的內容。

「每個人都有責任，在任何情況下趨善避惡。」宣言中的第4條內容有助於這個基本設想，也就是「己所不欲，勿施於人。」

進一步來說，做為人類的責任在於實踐非暴力、正義、團結、誠信、寬容和尊重。為了尊重生命，《人類責任宣言》主張：為現在的居民和未來的子孫著想，所有的人都有義務保護空氣、水和土壤。而人權裡的教育權同時也應該包含勤奮的責任，並且盡力發揮自己的才能，做到最好。人權是為了幫助貧困者與弱勢團體，同時在避免傷害他人與造成不義後果的前提下，處理自己的所有物與財富。再者，「沒有人可以說謊，不論這人位置有多高，有多大的權勢」。不過，「沒有人有義務，在任何時間告訴任何人全部的真相」。

這是為了保證隱私權受到保護。

維護信仰自由是每個人的責任，特別是對宗教領袖而言，要能既不仇恨也不陷於狂熱，更不教唆或者縱容宗教戰爭。最後，要鼓勵男女之間互相尊重。這同樣適用於父母與孩子之間的關係，而給予關愛是父母的責任。你還可以做些什麼，我們將在下一章提出建議。

「這不是你的罪過，世界就是如此這般。倘若讓它保持這樣，就將是你的罪。」出自德國樂團「醫生們」(Die Ärzte)的曲子：〈你的罪過〉。

別轉頭，別沉默！什麼是市民勇氣？

人只有在當他覺得對於維護他人權利也有責任時，才能得到自己的權利。你並不需要因此去非洲挨餓，維護人權是從我們的門前開始。

市民勇氣指的是有勇氣公開站出來維護人權。

也就是說，當他人的尊嚴陷入危險中時，願意站出來顯示**市民勇氣**。亦即，當有人受到冤屈時，你願意伸手幫忙而非視而不見。舉例來說，你的同學在學校受到霸凌時，你有勇氣站出來，當然你也因此承受風險，讓自己也變成受害者。但是你可以聯合其它人反抗，或者尋求老師的幫助。

而這無關於打小報告。

相反地，你因此完成了你維護人權的義務。人經常透過語言就足以傷害另一個人，只因為別人特別矮、特別高，特別胖或瘦，是外鄉人或是身障者，或是不同膚色，甚或只是一廂情願地認為這個人在背後說他壞話。維護人的尊嚴始於防微杜漸，從阻止微小的不義開始。當大人不尊重你或者其他兒童，利用或虐待你，甚至對你濫用職權，你都應該也必須對抗他們。甚至一位老師無論出於任何理由歧視你的同學，你們都有權利站出來為自己辯護。如過你很難做到，或許你可以請求其他老師、父母或者你所信任的大人的幫助。當有人開著敵視外國人或者種族歧視的玩笑時，不要聽，不要理會，或是要

一個人值多少錢，誰是現代奴隸？　捍衛權利的基本知識

求他停止這種言論。你會看到，當你開始這麼做的時候，其他人也會跟著你這樣做，因為市民勇氣是會傳染的，這也會增加人權的力度。

然而，這種勇氣也有它的局限性，特別是當你是孤身一人面對危險時。當有人變得狂暴，毆打他人時，你絕對不可以親自涉險，陷入其中。面對這樣的情境，你最好呼救，尋找其他人的支援。可能你會發現，大人也會因為懦弱而逃避出面。這裡教你一招：你走向特定的人，跟他說話，例如，你大喊：就是您！穿著綠毛衣的，請您快過來幫忙，這裡有人遇到危險。經驗顯示，直接被點名的人不太會迴避。

你可以學習並且訓練出市民勇氣。你可以在學校、你所屬的青少年團體或是社區中，激發出勇氣這個議題。關於進一步的建議，你可以參考青年和教育的工作小組（die Arbeitsgemeinschaft Jugend und Bildung，http://www.jugend-und-bildung.de）。

德國和土耳其的友誼。

只要便宜？
購物時如何
兼顧人權？

促進第三世界合作協會 (Gesellschaft zur Förderung der Partnerschaft mit der Dritten Welt, GEPA) 以長期契作合約支援在非洲、亞洲以及拉丁美洲的170個小農生產。在該協會背後運作的是教會的組織。

美國的公平貿易組織 (TransFair)、花卉標籤 (Flower Label)、公平交易 (GEPA)、反童工的國際優良紡織 (Rugmark)，你認識這些組織的標誌嗎？產品打上這些標誌，就表示是在公平的條件下製造和交易的，意謂著沒有人被利用或者被剝削。

你看不出來你穿的T恤是用什麼方式採收棉花，紡織成布料，又是誰剪裁縫紉完成的。你可以品嚐得出來是否喜歡這種巧克力，但是你不會知道，工人是在什麼條件下種植可可豆，又是如何採擷果實，當然更不知道是否有強迫小童工？你也感覺不到腳下踏的地毯，是透過一雙雙小手編結而成，還是靠梭子在紡織機之間自動編織完成。

除非，產品上印有公平交易的標誌。

公平交易的標誌保證產品是在尊重人權與兒童權之下生產的。這些產品的勞工會獲得合理的待遇，雇主不會把他們的健康置於不必要的危險中，農夫不會被迫低價賤賣他的農作物，他的土地不會被各種肥料與農藥毒害，果實不會還沒成熟就被當地人摘走。標示國際優良紡織的地毯不會僱用非法童工；而帶著花卉標籤的切花是在對環境友善的條件下種植、生產和採收。

幾年前這些公平交易的商品標誌還不為人熟知，只有自然食品 (Naturkost) 和世界商店 (Eine-Welt-Läden) *提供這些產品。現在你可以在超級市場裡發現巧克

力、咖啡、茶、可可，或者其他許多貨物，都有印著公平交易標誌的產品。很多這類產品也會額外標示有機認證。在這些公平交易標誌的背後是國際公平交易的「家族性」團體，裡面有各種人權組織、環保團體和工會。在德國差不多有上千家花店只提供戴著花卉標誌的「乾淨」花卉；而國際優良紡織組織監控和檢測地毯相關產品，同時牽線引導郵購和大型百貨公司以這類產品進貨。雖然這些產品比以往貴一些，但是所花的錢是很好的投資。透過公平交易所得的一部分收入會在原產地區挪作修建學校、衛生中心或者其他社區設施之用，中間商只保留少數利潤。對於昂貴的名牌商品來說，有時候沒人付錢買也沒多大損失，它們通常是利用童工或是低價勞工製造出來的產品。

有愈來愈多的人購買公平交易的商品。從2000年起，在歐洲這類產品的市場佔有率每年提升20%。那些還沒加入公平貿易組織的公司必須準備好面對供應商的懷疑，解釋他們的產品在工廠或作坊是否符合最低社會標準生產製造。

在德國有些城市或社區特別注重公平交易的購物。2002年初，慕尼黑市政機構只採買沒有童工製造的貨物，至2007年為止，有57個社區跟進這項決議。一些體育俱樂部只購買符合人權勞動條件而且不是童工縫製的球。你可以建議你參加的俱樂部或者你的學校也加入這種購買行列！

地球社在《消費者和企業可以為童工做什麼》的小冊子中，列出提供公平交易產品的製造商和商家名單。

＊ 譯註：自然食品和世界商店是提供環保綠生態產品和重視公平交易的社團組織。自然食品成立於1986年，以有機農業做為土地永續發展的基礎，強調公平的產銷合作夥伴關係。世界商店起初的名稱是「第三世界商店」，後來改名為「世界商店」是因應1964年聯合國貿易和發展會議上對第三世界公平交易的呼籲而起的。第一家世界商店於1969年在荷蘭成立，而後傳至西歐各國，現有2,400家分店，形成巨大的商業貿易網絡，依然未改初衷。

環保與人權
有什麼關係？

公平購買、合理使用，審慎地與世界共處。你也可以藉此為人類的安全生活做些什麼。對自然界過度的開發，使得很多人已經很難過上這樣的生活。

非洲和澳洲的許多地區因為氣候變遷而苦於乾旱，因缺乏飲用水而沙漠化；地球暖化而使得地表水平面升高，可居住的島嶼逐漸陸沉；當整個民族棲息的熱帶雨林逐漸消失，那麼生活在這些地區的人將陷入困境。再一次強調：這些人過得不如我們好、也不如我們安全，但是，他們每一個人都擁有和你我一樣的生存權。

他們現在生活的負擔，反而是我們所造成的。

我們的富裕是建立在窮人的肩上。你可以想想，「有什麼是我可以做的？」這是個很重大的議題。為什麼不關心一下，自然與人是否可以有更好的共存方式？

一方面，你想的對，國家的當務之急是負責扭轉局面。國家有權力做些什麼：可以對工業發展設限，甚至可以強迫規定貿易往來必須以環保為優先考慮，如此，人權也得以彰顯。另一方面，在這個「我們的國家」裡，特別是在民主體制下，不能光靠政治人物，我們可以、也必須自己站出來，為環保與人權動員起來。起碼，維持永續的生活並不困

「和平、發展和環保彼此相互依存，不可分離。」這句話源自1992年聯合國在巴西里約熱內盧（Rio de Janeiro）地球高峰會議中所發表的環境和發展宣言（又稱《里約宣言》）。

難。舉例來說：

　　想像一下，你的朋友和你可以經常騎腳踏車出入或上學，而不是靠父母接送。這不僅可以節省汽油費有助於家庭財務，同時也因為消耗較少的汽油而減少每日的廢氣排放。這個行動也適用於大眾。再想像一下，我們每一個人都節約用水，經常穿上暖和的毛衣而不是調高暖氣，只用可回收的瓶子裝水喝，不要想著馬上更換最新款的手機，每日減少垃圾，理性購物和生活。我們都是消費者，所以可以發揮很多影響力，畢竟，需求決定供應。我們要求愈多的環保商品，就會製造愈多這類產品。人愈注重健康食品，就會有愈多的農夫以有機的方式耕種。有愈多人願意節省汽油，汽車工業就會愈快生產出省汽油的車。我們甚至還可以影響科技研究，對地球的未來盡一份心力。

如果我們要生活永續發展，要學會充分利用這個世界，不要對它竭澤而漁而是讓它生生不息，如此人類才有未來可言。

「難道就這樣繼續下去？」根據聯合國世界氣候報告，乾旱、洪水、颶風和冰川融化威脅著我們，而三分之一動物和植物的物種面臨滅絕。

乳酪櫃台上的有機產品。

我們什麼時候可以得到我們的權利？過程即目的嗎？

每個人都同樣擁有自由和安全生活的權利。聽起來很簡單，為什麼這樣的權利卻這麼難實踐？因為我們不斷面臨新的挑戰，而且每個人都最先想到自己。

「我們需要專業投入的人權捍衛者，這是國家要負起的責任。」這是聯合國前任祕書長科菲．安南（Kofi Annan）於2006年世界人權日的呼籲。

這是人的天性。所以每個兒童必須學習，自己的福祉同樣也取決於他人，也只有當他顧及別人時，才有幸福可言。這樣的學習永遠不會停止，因為不只是我們，這個世界也一直改變。你還記得本書一開始提到的蘇西和馬庫斯，漢斯和艾美莉嗎？人愈親近，愈容易不顧慮對方。但是你知道，每個家庭、每個班級、每個團體都不斷面臨新的衝突。如果不願意解決，就會有爭執。在國家之內，國家之間，這種狀況會導致不公正、不和諧，最壞的情況下會引起戰爭。從這觀點來看，為了避免爭執，民主國家這個形式因此而形成，國家設有憲法規定基本權利。在「發現」人類尊嚴的兩千年之後，國家這個共同體才體認到，需要盡其所能保障這個尊嚴，這導致了1948年12月10日《世界人權宣言》的公布。

於是開啟了人權之路的新階段，而你現在已經認識了它，也看到了這條路上的障礙。世界向前發展，不斷有新的挑戰和障礙。每個重新塑造世界的新機遇，都會隨之出現新的挑戰，我們是否，以及如何利用這種情況依然還能顧及人權，有時候很難跟上變化

的腳步；即使如此，你看，過程即目的。

真正偉大的計畫，並不是人類飛到火星或是什麼其他的科技願景，而是我們的各種權利得以實現。這包含了一個問題：是否允許人做他所有所能做的事？想一下醫學，或者基因科學研究。它們在改造或創造人類生命形式時，是否兼顧了人權？「不惜任何代價拯救生命」的保證，是否也保證人被救活之後還活得有尊嚴？在新的可能性中看到我們的機會時，是否同時也看到對他人帶來的風險和危機？例如生物燃料這個議題。從可持續生長的植物中提煉出燃料，可能是一個擺脫石油危機和氣候溫室效應的出路。但是，提煉一輛汽車60公升汽油所需要種植作物的數量，足以養活一名成人半年。如此，我們可以燃燒農作物嗎，特別是當還有人處在飢餓中？

還有全球化的問題：工作、訊息和資金連結成遍布全球的網絡，只有少數人能利用它，而更多的人，包含我們在都這波變化中失去工作和富裕的生活；許多人開始感到害怕，其實這取決於我們如何利用全球化，甚至可以利用它來幫助公平分配貧富的兩端。而人權已經在利用全球化的優勢。世界因全球化而變小了，人與人之間從來沒有如此接近過，只要有人濫用權力，無論其他國家做或不做什麼，在經濟上抵制或不抵制，世界上總有眼睛盯著看。經驗告訴我們，任何地方只要發生了不公不義，過去還不曾像現在這樣，可以彙集這麼多反對的聲音。同樣的，道德也將全球化。這就是過程即目的，而我們處在一個新階段的開始。

敬請關注、參與與介入
——在哪裡你可以做什麼？

你必定想要知道更多，或者親自做些什麼？
那麼你可以參考以下的資料：

國際特赦組織總部，位於英國倫敦。
電話：+44-20-74135500　傳真：+44-20-79561157
地址：1 Easton Street. London. WC1X 0DW, UK
網址：https://www.amnesty.org/　Twitter：@Amnestyonline

國際特赦組織台灣分會
電話：02-2709-4162　傳真：02-2709-4482
地址：10078 台北市和平西路一段30號9樓
Email：info@amnesty.tw　Facebook: AITW0528

地球社（Terre des Hommes）
國際聯合會總部（TDHIF），位於瑞士日內瓦
電話：+41 22 736 33 72　傳真：+41 22 736 15 10
地址：31 chemin Franck Thomas
CH-1223 Cologny/Geneva, Switzerland
E-Mail：info@terredeshommes.org
網址：http://www.terredeshommes.org

在這裡你可以看到關於童工議題，
以及公平交易的相關報導和討論。

德國兒童救助基金會（Deutsches Kinderhilfswerk），位於德國柏林
電話：+49 30 - 30 86 93-0　傳真：+49 30 - 27 95 63 4

地址：Leipziger Straße 116 - 118. 10117 Berlin, Deutschland
E-Mail：dkhw@dkhw.de　網址：https://www.dkhw.de

反種族主義和促進寬容的活躍社團，
可以參考以下兩個特別的組織：

行動勇氣 Aktion Courage e.V.*，位於德國波昂和柏林
電話：+49 30 21 45 86 0（總機）　傳真：+49 30 21 45 86 20
地址：Ahornstr. 5. 10787 Berlin, Deutschland
E-mail：info@aktioncourage.org
網址：http://www.aktioncourage.org

民主與寬容聯盟* Bündnis für Demokratie und Toleranz,
位於德國柏林
電話：+49 30 25 45 04 - 466　傳真：+49 30 25 45 04 - 478
地址：Friedrichstraße 50. 10117 Berlin, Deutschland
E-mail：buendnis@bpb.bund.de
網址：http://www.buendnis-toleranz.de

在德國聯邦議會設有兒童事務委員會（Kinderkommission）
聯絡地址：Platz der Republik 1, 11011 Berlin, Deutschland
E-mail：kinderkommission@bundestag.de

＊譯註：「行動勇氣」成立於1992年，主旨在促進與要求有外來移民背景的兒童
在學校參與政治與社會活動，鼓勵學生養成市民勇氣，以掃除校園中的種族主
義；旗下有60個不同團體主持不同課程活動，受到德國聯邦政府和歐盟的支持。
＊譯註：「民主與寬容聯盟」是由德國內政部、聯邦和司法部的聯邦財政部在
2000年5月23日，德意志聯邦共和國基本法頒布的紀念日成立。全稱是：「民主和
容忍聯盟 - 反對極端主義和暴力（BfDT）」，聯合了眾多不同的社會運動組織，以
德國憲法的基本規範性為出發點，促進市民社會的寬容與反暴力行為。

針對中學生提供人權訊息以及關於人權不同主題的年度報告，請參考德國人權學會（Deutsche Institut für Menschrecht）的資料：
地址：Zimmerstraße 26-27, 10969 Berlin, Deutschland.
網址：http://www.institut-fuer-menschenrechte.de

在人權論壇（Forum Menschenrechte），你可以進一步看到所有48個人權組織和成員的相關資料：
地址：Greifswalder Straße, 10405 Berlin, Deutschland.
網址：http://www.forum-menschenrechte.de

一個人值多少錢，誰是現代奴隸？　　捍衛權利的基本知識

《世界人權宣言》

序言

鑒於人類一家，承認所有人類成員與生俱來的尊嚴、平等與不可剝奪的權利，是建立世界自由、正義與和平的基礎，

鑒於對人權的忽視與侮蔑已釀成野蠻暴行，激起人類的良心，而一個人人享有言論和信仰自由並免於恐懼和匱乏的世界的來臨，已被宣布為普通人民的最高願望。

鑒於人類不致被迫訴諸反叛做為對抗暴政與壓迫的最後手段，以法治保障人權乃是必要的，

鑒於有必要促進各國之間友好關係的發展，

鑒於聯合國各國人民在聯合國憲章中重申他們對於基本人權、人類尊嚴與價值以及男女平權等的信念，決心以更大的自由促進社會的進步以及更好的生活水準，

鑒於各會員國誓願與聯合國合作，致力於促進對人權與基本自由的普遍尊重和遵守，

鑒於這些權利與自由的普遍理解，對於全面實踐此項誓願至關重要，

大會在此發布這份世界人權宣言：

做為所有民族與國家努力實踐的共同標準，務使每個人和每個社會團體組織將此宣言銘記於心，努力透過教學與教育促進尊重這些權利與自由，並藉由國家與國際間漸進的措施，以確保這些權利與自由在會員國人民與轄下領土上的人民當中，都能得到普遍有效地承認與遵守。

第一條：

　　人人生而自由，在尊嚴和權利上一律平等，天賦理性和良知。應該本著兄弟關係的精神互相對待。

第二條：

　　人人有權享有本宣言所陳述的一切權利和自由，不因種族、膚色、性別、語言、宗教、政治或其他見解、國籍或社會出身、財產、出生或其他身分等，而有任何差別；並且不得基於個人所屬之國家或領土上政治、法律的狀態或國際地位的不同而有所區別，無論其所屬之領土是在獨立、託管、非自治領土，或者其他任何主權受限制的情況下。

第三條：

　　人人有權享有生命、自由與人身安全。

第四條：

　　任何人不得成為奴隸或被奴役；一切形式的奴隸制度和奴隸買賣都應予以禁止。

第五條：

　　任何人都不應受到酷刑，或是殘忍的、不人道的或侮辱性的待遇或處罰。

第六條：

　　人人有權在任何地方獲得法律上人格的承認。

第七條：

　　法律之前人人平等，並有權享有法律上的平等保護，不受任何歧視。人人有權享有平等保護，以對抗違反本宣言的

任何歧視，以及抵制任何煽動這類歧視的行為。

第八條：

任何人，當憲法或法律所賦予他的基本權利遭受侵害時，有權向國內主管的法庭聲請有效的救濟措施。

第九條：

任何人不得加以任意逮捕，拘禁或放逐。

第十條：

任何人在面臨攸關自己權利義務的判定，以及針對自己的刑事指控時，有完全平等的權利要求一個獨立而無偏倚的法庭加以公平和公開的審判。

第十一條：

（一）凡受到刑事控告者，在依法公開審判證實有罪、並獲得辯護上所需一切保證之前，有權被視為無罪。

（二）任何人的任何作為或不作為，在行動的當下依國內法或國際法都不構成刑事犯罪者，不得被判定為有罪。並且刑罰不得重於犯罪時所適用的法律規定。

第十二條：

任何人的私生活、家庭、住宅和通訊都不得受到任意的干涉，也不得侵犯他的榮譽與名聲。人人有權享有法律保護以免受這些干涉和侵犯。

第十三條：

（一）人人有權在自己的國家境內自由遷徙和居住。

（二）人人有權離開任何國家，包含自己的國家，並有權返

回自己的國家。

第十四條：

（一）人人有權向其他國家尋求和享有庇護，以免於迫害。

（二）若真正出於非政治性因素的犯罪行為或違背聯合國宗旨和原則的行為，而被起訴的情況下，不得援引這項權利。

第十五條：

（一）人人有權享有國籍。

（二）任何人的國籍不得任意剝奪，也不得否認其改變國籍的權利。

第十六條：

（一）成年男女，不受種族、國籍或宗教的限制，有權婚嫁組成家庭。雙方在締結婚姻、婚姻期間和解除婚約上擁有平等的權利。

（二）婚姻只有在有意願的婚嫁雙方自由且充分地同意下才能締結。

（三）家庭是天然與基本的社會團體單位，有權受到社會和國家的保護。

第十七條：

（一）人人有權單獨擁有自己的財產，以及與他人共同所有。

（二）不得任意剝奪任何人的財產。

第十八條：

人人有思想、良心、宗教自由的權利，這項權利也包含了改變他自己宗教或信仰的自由，以及單獨或集體、公開或

私下透過教學、實踐、禮拜和戒律去昭告自己的宗教或信仰的自由。

第十九條：

人人有權享有主張與發表意見的自由，這項權利包含堅持主張不受干涉的自由，以及透過任何媒介、無關疆界，搜尋、接受和傳遞訊息與思想的自由。

第二十條：

（一）人人有權享有和平集會與結社的自由。

（二）不得強迫任何人隸屬於某一個團體。

第二十一條：

（一）人人有權以直接或透過自由選舉出來的代表，參與自己國家的治理。

（二）人人有權擁有公平機會參與自己國家公職。

（三）人民的意志是政府權力的基礎；這一意志應透過定期且真正的選舉表達，而選舉應藉由普遍與平等的投票權，並以不記名或相當程度的自由投票程序進行。

第二十二條：

每個人做為社會的一員，有權享有社會安全的保障；在透過國內努力與國際合作並且顧及每個國家的組織和資源之下，有權實現對他的尊嚴、自我人格自由發展所需的經濟、社會和文化的各項權利。

第二十三條：

（一）人人有權工作，自由選擇職業，享有公正和合適的工

作條件，以及享有免於失業的保障。

（二）人人有同工同酬的權利，不受任何歧視。

（三）每一個工作的人，有權享有公正且合適的報酬，以保證他本人和家屬有一個符合人性尊嚴的生活條件，必要時，並佐以其他方式的社會保障。

（四）為維護自己的利益，人人有權組織以及參加工會。

第二十四條：

人人有權享有休閒娛樂，包含對工作時間合理限制，以及定期帶薪休假的權利。

第二十五條：

（一）人人有權享有維持本人和家屬的健康與福利所需的基本生活水準，包含食物、衣著、住宅、醫療和必要的社會服務；以及在遭遇失業、疾病、傷殘、喪偶、年老和其他超過個人控制而喪失謀生能力時，有權享有社會保障。

（二）母親和兒童有權要求特別照顧和協助。所有兒童，不論婚生或非婚生，有權享有社會保護。

第二十六條：

（一）人人都有受教育的權利。教育應當免費，至少在初級和基本教育應該如此；初級教育應屬於義務教育。應普遍設立技術和職業教育。高等教育應根據成績對所有人公平開放。

（二）教育應鼓勵個人充分發展自己的個性，並強化對各項人權和各種基本自由的尊重；教育應促進各國、各種族或各宗教團體之間的理解、容忍與友誼；並應進一步促進聯

合國維護和平的各項活動。

（三）家長對其子女應受教育的種類，有優先選擇權。

第二十七條：

（一）人人有權自由地參加社會的文化生活，享受藝術，並分享科學進步及其所產生的福利。

（二）人人對於由他自己所創作的科學、文學與藝術作品，有權享有由其作品所衍生的精神或物質利益的保障。

第二十八條：

人人有權要求一個能夠使得本宣言所載的權利和自由得以充分實現的社會與國際秩序。

第二十九條：

（一）人人對社會負有義務，只有在社會中個人的個性才可能得到自由以及充分的發展。

（二）人人在行使個人權利和自由時，僅受法律所確定的限制。此種法律限制乃是為了確保承認與尊重他人的權利與自由，以及滿足民主社會中關於道德、公共秩序以及普遍性福祉的正當需求。

（三）這些權利和自由的行使，無論在任何情況下都不得違背聯合國的宗旨和原則。

第三十條：

本宣言的任何內容，不得解釋為默許任何一個國家、團體或個人有權從事任何意圖破壞本宣言所載的各項權利與自由的活動或行為。

向下扎根！
德國教育的公民思辨課──
一個人值多少錢，
誰是現代奴隸？
捍衛權利的基本知識

Nachgefragt: Menschenrechte
und Demokratie
© 2008 Loewe Verlag Gmbh, Bindlach
through Jia-xi Books Co. Ltd., Taipei

向下扎根！德國教育的公民思辨課. 1,
「一個人值多少錢，誰是現代奴隸？」：
捍衛權利的基本知識／
克莉絲汀・舒茲－萊斯（Christine Schulz-
Reiss）文；薇瑞娜・巴浩斯（Verena
Ballhaus）圖；陳中芷譯
.─初版.─台北市：麥田出版：
家庭傳媒城邦分公司發行，2017.05
譯自：Nachgefragt- Menschenrechte und
Demokratie : Basiswissen zum Mitreden
ISBN 978-986-344-455-8（平裝）
1. 人權 2. 民主教育
579.27   106006019

封面設計　廖韡
印　　刷　漾格科技股份有限公司
初版一刷　2017年5月
初版11刷　2021年3月

定　　價　新台幣280元
Ｉ Ｓ Ｂ Ｎ　978-986-344-455-8
Printed in Taiwan
著作權所有・翻印必究

作　　者　克莉絲汀・舒茲─萊斯（Christine Schulz-Reiss）／文
　　　　　薇瑞娜・巴浩斯（Verena Ballhaus）／圖
譯　　者　陳中芷
責任編輯　林如峰
國際版權　吳玲緯　蔡傳宜
行　　銷　艾青荷　黃家瑜　蘇莞婷
業　　務　李再星　陳玫潾　陳美燕　枊幸君
主　　編　蔡錦豐
編輯總監　劉麗真
總 經 理　陳逸瑛
發 行 人　涂玉雲

出　　版

麥田出版
台北市中山區104民生東路二段141號5樓
電話：(02) 2-2500-7696　傳真：(02) 2500-1966
網站：http://www.ryefield.com.tw

發　　行

英屬蓋曼群島商家庭傳媒股份有限公司城邦分公司
地址：10483台北市民生東路二段141號11樓
網址：http://www.cite.com.tw
客服專線：(02)2500-7718; 2500-7719
24小時傳真專線：(02)2500-1990; 2500-1991
服務時間：週一至週五 09:30-12:00; 13:30-17:00
劃撥帳號：19863813　戶名：書虫股份有限公司
讀者服務信箱：service@readingclub.com.tw

香港發行所

城邦（香港）出版集團有限公司
地址：香港灣仔駱克道193號東超商業中心1樓
電話：+852-2508-6231　傳真：+852-2578-9337
電郵：hkcite@biznetvigator.com

馬新發行所

城邦（馬新）出版集團【Cite(M) Sdn. Bhd. (458372U)】
地址：41, Jalan Radin Anum, Bandar Baru Sri Petaling,
57000 Kuala Lumpur, Malaysia.
電話：+603-9057-8822　傳真：+603-9057-6622
電郵：cite@cite.com.my